KÖNIGS ERLÄUTERUNGEN SPEZIAL

Textanalyse und Interpretation zu

Judith Hermann

SOMMERHAUS, SPÄTER

Ralf Gebauer

Alle erforderlichen Infos für Abitur, Matura, Klausur und Referat

Bange Verlag

Zitierte Ausgabe:
Judith Hermann: *Sommerhaus, später. Erzählungen.* Frankfurt/M.: Fischer Taschenbuch, 16. Aufl. 2014 → Alle in Klammern auftretenden Seitenverweise beziehen sich auf diese Ausgabe.

Über den Autor dieser Erläuterung:
Ralf Gebauer, geb. 1945 in Kragelund (Dänemark), studierte Germanistik und Philosophie in Bochum und Göttingen und lehrte Deutsch, Philosophie und Kunst am Haranni-Gymnasium Herne. In der Reihe „Königs Abi-Trainer" liegen inzwischen 15 von ihm verfasste Bände vor.

3. Auflage 2020
ISBN: 978-3-8044-3130-0
PDF: 978-3-8044-5130-8, EPUB: 978-3-8044-4130-9

Titelabbildung: © Bergringfoto/fotolia.com
Druck und Weiterverarbeitung: Tiskárna Akcent, Vimperk

1. DAS WICHTIGSTE AUF EINEN BLICK – SCHNELLÜBERSICHT

Damit sich jeder Leser in unserer Lektürehilfe rasch zurechtfindet und das für ihn Interessante gleich entdeckt, hier eine Übersicht:

➪ S. 11 ff.

- Judith Hermann wurde am 15. Mai 1970 in Berlin-Neukölln geboren,
- brach mehrere Ausbildungsversuche ab und trat als Sängerin und Managerin einer Pop-Band bei,
- schloss eine Ausbildung als Journalistin mit Diplom ab,
- lebt und schreibt heute als Journalistin und Autorin in Berlin.

➪ S. 13 ff.

- Die Handlung spielt im wiedervereinigten Deutschland nach der Wende.
- Auf den realpolitischen Hintergrund der Berliner Republik wird jedoch kaum eingegangen.

➪ S. 19 ff.

- Hermanns Erzählungen konzentrieren sich auf generationsspezifische Probleme in privatmenschlichen Beziehungen.

Sommerhaus, später – Entstehung und Quellen:

➪ S. 32 ff.

Judith Hermann verfasste im Rahmen eines Autorenstipendiums 1997 ihren ersten Erzählband *Sommerhaus, später*, der ein Jahr später erschien. Inspirieren ließ sich die Autorin dabei vor allem von persönlichen Gespräche, Erlebnissen und Eindrücken. Mit dem US-Erzähler Raymond Carver, mit dem sie Kritiker oft vergleichen, hat sich Hermann nach eigener Aussage erst nach Erscheinen ihres Debütbandes beschäftigt.

Inhalt:

➪ S. 37 ff.

Die Beziehung des Taxifahrers Stein zur Ich-Erzählerin, die in einer Künstler-Clique lebt, liegt bereits zwei Jahre zurück, als er sie einlädt, mit ihr ein Haus außerhalb Berlins zu besichtigen, das er endlich gefunden habe. Es handelt sich um ein großes, verfallenes Gebäude im Oderbruch, das er in der Hoffnung auf eine gemeinsame Zukunft mit ihr gekauft hat. Aber die Erzählerin bleibt distanziert. Stein renoviert das Haus in der Folgezeit trotzdem und hält die Ich-Erzählerin über seine Fortschritte auf dem Laufenden. Weil seine Bemühungen aber ohne Resonanz bleiben, gibt Stein letztlich alle Hoffnung auf, steckt das Haus in Brand und verschwindet. Die Erzählerin reagiert auf die ihr zugeschickte Zeitungsmeldung von der Zerstörung des Hauses nur mit dem Wort: „Später".

Chronologie und Schauplätze:

Die Handlung spielt irgendwann zwischen 1990 und 1996, in Berlin-Kreuzberg und in dem fiktiven Ort Canitz im Oderbruch. Die erzählte Zeit umfasst zweieinhalb Jahre, im engeren Sinn die Zeit von Anfang Dezember bis Mai des folgenden Jahres.

Aufbau:

⇨ S. 41 ff.

- Der Text ist in 23 Erzählabschnitte und zwei erzählerische Sonderformen, also in insgesamt 25 Erzählabschnitte eingeteilt.
- Die Handlung ist wie ein fünfaktiges Drama aufgebaut.
- Von der Textsorte her kann die Erzählung als Kurzgeschichte gelten.

Personen:

Erzählfigur:

⇨ S. 44 ff.

- Es wird zwar nicht gesagt, ob es sich um einen Erzähler oder eine Erzählerin handelt, die Handlung und das Verhalten der Erzählfigur legen aber eine junge Frau als Erzählerin nahe.
- Sie ist unsicher und noch auf der Suche nach ihrer eigenen Identität.

→ Deshalb möchte sie sich nie festlegen, weicht allen Entscheidungen aus und verschiebt sie auf später.

➪ S. 50 ff.

Stein:

→ Der Taxifahrer hat sich in die Erzählerin verliebt und möchte mit ihr gemeinsam seine Zukunft gestalten.

→ Ihr zuliebe unterwirft er sich dem Rest der Clique, kauft das Haus im Oderbruch und renoviert es.

➪ S. 54 ff.

Clique:

→ Die Künstler-Clique besteht aus Anna, Christiane und Henriette sowie Falk, Heinze und Toddi sowie einigen ungenannten Mitgliedern.

→ Die Clique unterhält untereinander offene und wechselhafte Intim-Beziehungen.

Stil und Sprache:

➪ S. 63 ff.

→ Die Ich-Erzählerin zeichnet sich durch ihre scheinbare Objektivität aus, ein Mittel, um ihre emotionale Beteiligung zu leugnen.

→ Der Raum des Textes besteht aus einem zweigeteilten geografischen Raum (Berlin und Uckermark) sowie einem symbolischen Raum (Moloch Stadt vs. Idylle Land).

→ Die erzählte Zeit umfasst zweieinhalb Jahre, im engeren Sinn die Zeit von Anfang Dezember bis Mai des folgenden Jahres.

→ Der Text verzichtet weitgehend auf Beschreibungen und Reflexionen.

→ Der Text fällt durch seine emotionsarme, lakonisch-einfache Sprache auf. Es dominieren Hauptsätze; Bilder oder Vergleiche fehlen weitgehend. Der schmucklos-lapidare Stil erzeugt eine distanzierte, unterkühlte Erzählweise.

- Der Text enthält neun Symbole: sechs Dingsymbole (Haus, Schiff, Kirche, Efeu, Schnee, Schlüssel), ein Namenssymbol (Stein), ein Zahlensymbol (dreiundzwanzig) und ein Farbsymbol (Blau).
- Der Text enthält neben drei kleinen Motivketten (Musik, Drogen, Eigenschaften) zwei große Motivblöcke: den Block der Raummotive und den Block der Kommunikationsmotive.
- Kennzeichnend für Hermanns Figuren, v. a. die Erzählerin, ist ein Aufschiebeverhalten (Prokrastination); ihr Verhältnis zum Thema Liebe ist generationstypisch problematisch.

Verschiedene Interpretationsansätze bieten sich an:

Man kann den Text unter folgenden zehn Aspekten interpretieren: ⇨ S. 94 ff.

- dem **biografischen Ansatz**, der der Autorin die fiktionalisierte Überprüfung und Erprobung eigener und alternativer Lebensentwürfe unterstellt,
- dem **ästhetischen Ansatz**, der die Kurzgeschichte als eine skeletthafte Erzählung des Verschweigens und Verbergens auffasst,
- dem **textsortentheoretischen Ansatz,** der überprüft, inwieweit die Einordnung des Textes als Kurzgeschichte berechtigt ist,
- dem **kommunikationstheoretischen Ansatz**, der die Beziehungsunmöglichkeit der beiden Protagonisten auf kommunikatives Fehlverhalten zurückführt,
- dem **sozio-historischen Ansatz**, der den Text als Darstellung der Boheme-Atmosphäre der Nachwendezeit in Berlin-Kreuzberg versteht,
- dem **Gender-Ansatz**, der das Verhältnis der Geschlechter zueinander beleuchtet, das sich von den traditionellen Rollenbildern zu lösen versucht,

- dem **psychologischen Ansatz**, der den Text liest als Psychogramm einer Identitätskrise,
- dem **philosophischen Ansatz**, der hinter dieser Identitätskrise eine Krise in der Entwicklung des Individuums erkennt,
- dem **rezeptionsästhetischen Ansatz,** der die Erzählung als anspruchsvollen generationsstiftenden Text wertet.
- dem **rezeptionssoziologischen Ansatz**, der erwägt, welche Lebenseinstellung die Erzählung dem Rezipienten nahelegt.

Rezeptionsgeschichte:

➪ S. 112 ff.

- Der Erzählband fand kurz nach Erscheinen 1998 zunächst nur geringe Resonanz.
- Er wurde jedoch bald schon von den Feuilletons aller großen deutschsprachigen Zeitungen anerkennend besprochen.
- Er wurde vor allem von der literaturkritischen TV-Sendung *Das Literarische Quartett* im Fernsehen hoch gelobt, gerade auch vom damaligen Literaturpapst Marcel Reich-Ranicki.
- Judith Hermann gewann in der Folge mehrere Literaturpreise (u. a. Kleist-Preis 2001) und wurde als eine der wichtigsten jungen deutschen Autorinnen der Gegenwart gefeiert; Hermanns Erfolg neben dem von Autorinnen wie Jenny Erpenbeck oder Julia Franck führte mit dazu, dass die Kritik von einem „Fräuleinwunder" in der deutschen Gegenwartsliteratur sprach.
- Der Band hat mittlerweile eine Auflage von mehr als 500.000 verkauften Exemplaren.

2. JUDITH HERMANN: LEBEN UND WERK

2.1 Biografie

Judith Hermann (geb. 1970) © ullstein bild – Fondation Horst Tappe

JAHR	ORT	EREIGNIS	ALTER
1970	Berlin-Neukölln	Judith Hermann wird am 15. Mai als Älteste von drei Geschwistern geboren. Fakten zu Beruf und Leben ihrer Eltern möchte Frau Hermann gerne für sich behalten.	
1990	Berlin-Neukölln	Abiturprüfung	20
1990–1992	Berlin	Zweimalige Ablehnung als Schauspielschülerin: Hochschule der Künste in Berlin, Max-Reinhardt-Seminar in Wien; viersemestriges, unabgeschlossenes Studium der Germanistik und Philosophie an der Freien Universität Berlin	20–22
1992–1994	Berlin	Wechsel zum Prenzlauer Berg, unabgeschlossenes zweijähriges Musikstudium	22–24
1994–1995	Berlin	Merchandising für die Osteuropa-Folk-Band *Poems for Leila*, Heirat mit Nikolai Thomas, Tätigkeiten in der Off-Theater-Szene, Kellnerinnentätigkeit im Szeneviertel Berlin-Prenzlauer-Berg	24–25
1995/96	Berlin	Ausbildung zur Journalistin an der Berliner Journalistenschule mit Diplom	25/26
1996/97	New York	Volontariat bei zwei kleinen deutschsprachigen Zeitungen: *Aufbau*, *New Yorker Staatszeitung*	26/27
1997	Wewelsfleth Berlin	Alfred-Döblin-Stipendium Autorenwerkstatt Prosa im Literarischen Colloquium Berlin untere Leitung von Katja Lange-Müller und Burckhard Spinnen	27
1998	Berlin	Der Erzählband *Sommerhaus, später* erscheint.	28

JAHR	ORT	EREIGNIS	ALTER
1999	Bremen Pirmasens	Stipendiatsaufenthalt in Süddeutschland Bremer Literaturförderpreis Hugo-Ball-Förderpreis	29
2000	Berlin	Geburt ihres Sohnes Franz	30
2001	Berlin	Kleist-Preis	31
2002	Reykjavik	Sechswöchiger Stipendiatsaufenthalt auf Island	32
2003	Berlin	Der Erzählband *Nichts als Gespenster* erscheint. Verfilmung von *Hunter-Tompson-Musik* aus *Sommerhaus, später* unter dem Titel *Tompson Musik* durch den Regiestudenten Jakob Ziemnicki als Diplomarbeit	33
2007	Berlin	Episodenfilm *Nichts als Gespenster*: Verfilmung von vier Geschichten Hermanns durch Martin Gypkens mit Fritzi Haberland und Jessica Schwarz	37
2009	Berlin Bad Homburg	Der Erzählband *Alice* erscheint. Friedrich-Hölderlin-Preis	39
2014	Berlin Wien	Der Roman *Aller Liebe Anfang* erscheint. Erich-Fried-Preis	44
2016	Berlin	Der Erzählband *Lettipark* erscheint.	46
2017	Berlin	Judith Hermann lebt in Berlin-Prenzlauer Berg.	47

2.2 Zeitgeschichtlicher Hintergrund

ZUSAMMENFASSUNG

Wichtig für das Verständnis der Novelle Hermanns sind:
- → Die Handlung spielt im wiedervereinigten Deutschland.
- → Es gibt eindeutige Wirklichkeitsbezüge, aber kaum Bezüge zur realpolitischen Situation der Berliner Republik, sowie
- → enge Bezüge zu den Problemen, die als Folge der gesellschaftlichen Entwicklung aus den individuellen Beziehungen erwachsen sind.

Berliner Republik

Kein Nachdenken über deutsche Befindlichkeiten

Die Jahre ab 1990 bis heute markieren die Zeitspanne der jüngsten Gegenwart seit der Wiedervereinigung des geteilten Deutschlands, die man auch als Zeit der Berliner Republik bezeichnet.

Beziehungen im Fokus

Judith Hermann gehört zu der postmodernen „Generation, die vom Krieg und seinen Folgen unberührt“[1] geblieben und der eine Auseinandersetzung mit der deutschen Geschichte und ein „Nachdenken über deutsche Befindlichkeiten“[2] fremd geworden ist. Sie meidet in ihren Erzählungen weitgehend den realpolitischen Hintergrund und „klammert den Bereich der Politik und der Zeitgeschichte fast komplett aus“[3], indem sie sich ganz auf die Ebene der individuellen Beziehungen zwischen den Menschen konzentriert. „Gesellschaftliche, soziale, politische und wirtschaftliche Zusammen-

---

1 Schauberger, S. 34.
2 Volker Hage: *Ganz schön abgedreht.* In: Der Spiegel, 12/1999, S. 246 (online unter: http://www.spiegel.de/spiegel/print/d-10246374.html , Stand: Oktober 2017).
3 Schauberger, S. 44.

hänge werden nicht beschrieben, geschweige denn analysiert"[4]. Damit geraten vor allem soziale Veränderungen innerhalb der Gesellschaft und innerhalb von bestehenden oder sich anbahnenden Partnerschaften in den Blickpunkt.

Gleichgültigkeit und Egozentrik

Mit der Überwindung der deutschen Teilung und der Wiedervereinigung gingen tradierte gesellschaftliche Grundsätze verloren. Sie sind von einem einerseits verunsicherten und andererseits gierig ergriffenen liberalisierten Egoismus verdrängt worden. Die Sozialisation zeigt die Tendenz zur Polarisierung. Hier verkümmert sie zu einer entwerteten Beliebigkeit, Gleichgültigkeit und Hilflosigkeit und wird durch markt- und konsumgerechte Trends ersetzt, dort führt sie zu egozentrischer Ignoranz und Intoleranz sowie zu einer Konkurrenz um nicht immer gerechtfertigte Macht- und Führungsansprüche.

Alternativszene in Berlin

In der Zeit nach der Wende und Wiedervereinigung entstand in Berlin, besonders in nahe der ehemaligen Mauer gelegenen Stadtteilen wie z. B. Kreuzberg[5], eine Alternativszene, in der die neu gewonnene Freiheit absolut gesetzt wurde. Die Akzeptanz städtebaulich vernachlässigter und benachteiligter, aber billiger Wohnbezirke bei gleichzeitiger Sehnsucht nach einem uneingeschränkt freien Leben, vorzugsweise auf dem Lande, führt in solchen Szenen oft zur Bildung von kommunenartigen Wohn- und Lebensgemeinschaften von Literaten, Musikern und Malern sowie anderen Personen mit einem ausgeprägten Bedürfnis nach Selbststilisierung und projektarmen Lebensentwürfen. Sie prägen auch – zumindest vorübergehend – „das Bild einer zerrissenen, vielfältigen, provinzi-

---

4 Antonie Magen: *Nichts als Gespenster. Zur Beschaffenheit von Judith Hermanns Erzählungen.* In: Andrea Bartl (Hrsg.): Verbalträume. Beiträge zur deutschsprachigen Gegenwartsliteratur. Augsburg: Wißner, 2005, S. 32 f.

5 Laut Claudia Voigt „früher der Inbegriff fürs verkommene, verwegene Berlin" (dies.: *Wo ist Berlin?* In: Kultur SPIEGEL, Nr. 6/1999, S. 11).

ellen, schlechtgelaunten, traumverlorenen, nachtschwärmerischen Stadt“ und „einer jungen Generation im Berlin ohne Grenze – ‚superabgebrüht, supergleichgültig, superbisexuell‘“[6]. Solche Alternativszenen werden oft auch literarisch-mythisch verklärt, sind aber meist modeabhängig und werden inzwischen von einem sozioökonomischen Strukturwandel innerhalb des Stadtteils wieder aufgelöst (Gentrifizierung).

Die Generation Golf

Generation der in den 70er Jahren Geborenen

Im Jahre 2000 veröffentlichte der Journalist **Florian Illies** unter diesem Titel ein Buch, in dem er sich in Erinnerungen und Anekdoten mit der Generation auseinandersetzt, die wie er in den 1970er und 1980er Jahren aufgewachsen ist und für die später der Besitz des Fahrzeugtyps „Golf“ signifikant geworden sei. Illies beschreibt eine Generation, die sich auf dem von ihren Eltern erworbenen Wohlstand ausruht, statt sich kritisch und politisch mit den Themen der Zeit auseinanderzusetzen. Sie orientiert sich lieber markenbewusst an Modetrends und kreist in ihrem postmaterialistischen Denken und Handeln egoistisch um sich selbst. In der Verbindung von Narzissmus und Ästhetik wendet man sich in Retro-Trends nostalgisch zurück und/oder folgt der angesagten Popkultur in erstaunlicher Infantilität. Das kennzeichnet nach Illies‘ Analyse die grundsätzliche Orientierungslosigkeit dieser Generation, das Fehlen sowohl eines Vergangenheitsbewusstseins als auch einer überlegten Zukunftsplanung. Das soziale Verhalten ist geprägt von stilistischen Vorurteilen und einer Scheintoleranz, da die Egozentrik und Selbstverliebtheit eine tiefere Beschäftigung mit anderen gar nicht zulässt.

„Erlebnisgesellschaft“

Ähnliche Beobachtungen hat der Soziologe **Gerhard Schulze** 1992 unter dem Begriff der **Erlebnisgesellschaft** zusammenge-

6 Ebd., S. 10 u. 11.

fasst. Diese definiert er als „eine Gesellschaft, die (im historischen und interkulturellen Vergleich) relativ stark durch innenorientierte Lebensauffassungen geprägt ist“[7]. Mit diesem Begriff wird ein Milieu charakterisiert, das in absoluter Individualisierung eine Form der Selbstverwirklichung betreibt, in der das Erleben zum handlungsbestimmenden Konzept ausgerufen wird. Die daraus resultierenden Handlungen konzentrieren sich zumeist an schneller Lustbefriedigung, an Genuss und Konsum.

Literarisches Fräuleinwunder?

Geschichte des „Wunder“-Etiketts

Weil es unerwartet und überraschend war, wie sich die 1948 gegründete Bundesrepublik Deutschland in der Nachkriegszeit erholte, etikettierte die Presse die erstaunlichen Ereignisse schnell mit dem Wort „Wunder“. Man sprach im Bereich der Wirtschaft in den 1950er Jahren vom „Wirtschaftswunder“; man sprach vom „Wunder von Bern“, als die deutsche Fußballnationalmannschaft 1954 in der Schweiz das Weltmeisterschaftsturnier gewann. Und in den USA sprach man gern vom „Fräuleinwunder“, mit dem man nach der ersten Miss-Germany-Wahl 1952 die Zahl der attraktiven deutschen Models (damals noch „Mannequins“ genannt) und Schauspielerinnen bewunderte, ein Gewese, das 1956 in der Wahl Petra Schürmanns zur Miss World seinen vorläufigen Höhepunkt erreichte.

1999, das Jahr der Debütantinnen

1999 knüpfte der SPIEGEL-Redakteur Volker Hage in seinem Artikel *Ganz schön abgedreht* mit dem Begriff des „literarischen Fräuleinwunders“ an diese Bezeichnungen an, um den überraschenden Erfolg einer Reihe junger Autorinnen auf dem Literaturmarkt zu etikettieren. Dieser Begriff entpuppte sich für die Buchindus-

---

7 Gerhard Schulze: *Die Erlebnisgesellschaft. Kultursoziologie der Gegenwart*. Frankfurt/M.: Campus, Studienausgabe, 8. Aufl. 2000, S. 54.

trie als werbewirksamer Glücksgriff. In der Literaturwissenschaft, die ihn ebenfalls allzu schnell unter dem Kürzel FWL („Fräuleinwunder-Literatur“) oder LF („Literarisches Fräuleinwunder“) übernahm, erwies er sich jedoch als untauglich. Denn es ließ sich keine ästhetische Kategorie finden, die die unterschiedlichen Stile und Intentionen der jungen Autorinnen hätte vereinen können. Ihren erzählenden Werken gemeinsam ist vor allem ein verknappter Erzählstil, bevorzugt aus einer Ich-Perspektive, der mit Aussparungen die Handlung strafft und sich der Alltagsrealität widmet, bevorzugt einer großstädtischen, meist Berliner Subkultur, ohne jegliche theoretische Überhöhung oder Formen der Belehrung. Als Kennzeichen dieses Stils werden laut Frauke Meyer-Gosau hervorgehoben: „das Erzählen in knappen Sätzen, die klugen Aussparungen, die den Handlungsverlauf straffen, dem Leser die Ergänzung überlassen und so sein Interesse wach halten.“[8]

Popliteratur

Andere verlegen sich unter Vermeidung des Begriffs „Literarisches Fräuleinwunder“ auf den etwas breiter angelegten Begriff der Popliteratur:

> „Mit der sogenannten Popliteratur fand diese [von Teenagern und Twens dominierte Eventkultur; R. G.] seit Mitte der 1990er als Referenzrahmen auch Eingang in die Literatur als einer verbliebenen Enklave traditioneller ‚Hochkultur‘.“[9]

Ikonenhaftes Äußeres

Judith Hermann wird neben Sibylle Berg, Tanja Dückers, Karen Duve, Jenny Erpenbeck, Julia Franck, Alexa Henning von Lange, Zoë Jenny und Juli Zeh nicht nur als herausragendes Mitglied dieser schriftstellernden Generation genannt, sondern geradezu als de-

---

8 Zitiert nach: Kocher, S. 54.
9 Rehfeldt, S. 270.

ren „Ikone" proklamiert.[10] Ein Grund dafür könnte ihr Äußeres sein, wie es sich auf dem Foto der hinteren Umschlagsklappe der ersten Buchausgabe präsentiert. Judith Hermann erscheint dort mit einem schlanken, lang gestreckten Kopf mit streng nach hinten gescheiteltem Haar und einem madonnenhaften Gesicht, das beherrscht wird von einer langen, schmalen Nase über einem vollen, sinnlichen Lippenpaar und zwei markanten hochgeschwungenen Augenbögen wie ein Bildnis des italienischen Malers Amedeo Modigliani (1884–1920). Proportionen und Ausdruck dieses Gesichts erinnern zudem an das der englischen Schriftstellerin Virginia Woolf (1882–1941), zumal wenn der Blick Hermanns in eigentümlicher Zurücknahme ins Melancholische spielt.

---

10 Lutz Hagestedt: *Bekanntes Gesicht, gemischte Gefühle. Der Frühjahrsproduktion fehlt ein Moment der Verführung.* In: literaturkritik.de, Februar 2002 (online unter: http://www.literaturkritik.de/public/rezension.php?rez_id=5723&ausgabe=200302, Stand: Oktober 2017).

2.3 Angaben und Erläuterungen zu wesentlichen Werken

ZUSAMMEN-FASSUNG

Das literarische Werk Judith Hermanns beläuft sich inzwischen auf fünf Veröffentlichungen, vier Erzählbände und einen Roman:
1998 *Sommerhaus, später* (neun Erzählungen)
2003 *Nichts als Gespenster* (sechs längere Erzählungen, die in Berlin, Venedig, Karlsbad, Austin/Nevada sowie Prag und Tromsø spielen)
2009 *Alice* (Alice erfährt in fünf Erzählungen vom Tod von fünf Männern.)
2014 *Aller Liebe Anfang* (Roman über eine Ehefrau und Mutter, die von ihrem Nachbarn gestalkt wird.)
2016 *Lettipark* (17 Erzählungen von jeweils etwa zehn Seiten Länge)

Preisgekröntes Erzählwerk

Distanziertes Verhältnis zur Kritik

Judith Hermann wurde inzwischen mehrfach ausgezeichnet:
1999 Förderpreis zum Bremer Literaturpreis, verliehen von der Rudolf-Alexander-Schröder-Stiftung
1999 Hugo-Ball-Förderpreis der Stadt Pirmasens
2001 Kleist-Preis, verliehen von Michael Naumann im Namen der Heinrich-von-Kleist-Gesellschaft
2009 Friedrich-Hölderlin-Preis der Stadt Homburg
2014 Erich-Fried-Preis, verliehen von Monika Maron im Namen der Erich-Fried-Gesellschaft für Sprache und Literatur in Wien

Der euphorischen Kritik ihres Werks steht Judith Hermann eher distanziert, etwas befremdet und manchmal nahezu peinlich berührt gegenüber.

Der Erzählband *Sommerhaus, später* (1998)

Literarisches Debüt

Sommerhaus, später ist Judith Hermanns erster Erzählband. Er erschien 1998 und umfasst neun Erzählungen im Umfang zwischen neun und dreißig Seiten. Die Geschichten werden überwiegend von Ich-Erzählern in kurzen Erzählabschnitten dargeboten, handeln von nur wenigen Figuren und spielen an unterschiedlichen Orten.

Rote Korallen

Die erste Erzählung, ***Rote Korallen***, ist 19 Seiten lang, in 26 Erzählabschnitte und zwei aufeinander aufbauende Geschichten eingeteilt. Sie erzählt zunächst aus der Vergangenheit die Geschichte der Urgroßmutter der Ich-Erzählerin. Diese lebte in Petersburg, während ihr Mann als Ofenbauer durch das weite Russland reiste. Als er mehr als drei Jahre von zu Hause fernblieb, ließ sich seine schöne Frau von mehreren Künstlern und Gelehrten lieben und beschenken, darunter auch mit einem roten Korallenarmband. Ihr heimgekehrter Mann forderte dessen Spender zum Duell und wurde erschossen. Sieben Monate später gebar seine Witwe eine Tochter, die ihrem Liebhaber glich. Mit ihrem Kind und einem Freund ihres verstorbenen Mannes reiste die Urgroßmutter 1905 nach Berlin. In der Gegenwart lernt die 20-jährige Erzählerin bei einer Beerdigung, an der sie auf Betreiben ihrer Großmutter teilnimmt, ihren jetzigen Geliebten kennen, einen Urenkel des Freundes ihres Urgroßvaters. Hier schließt sich die zweite Geschichte in der Jetztzeit an. Die Erzählerin versucht vergeblich, ihrem deprimierten Geliebten die Geschichte ihrer Urgroßmutter und des roten Korallenarmbandes zu erzählen, die sie auch als ihre Geschichte empfindet. Deshalb sucht sie schließlich gegen dessen Willen seinen Therapeuten auf, um ihm die Geschichte ihrer Urgroßmutter zu erzählen. Da der Therapeut ihres Geliebten sie nur mit Schweigen bedenkt, zerreißt sie vor Nervosität den Seidenfaden des Korallenarmbandes. Auf Knien sammelt sie alle 675 Einzelkorallen vom Boden auf, während der Therapeut völlig unbeteiligt verharrt. Als er die Sitzung für beendet erklärt, wirft sie ihm die eingesammelten Korallen ins Gesicht und befreit sich so von ihrer Familiengeschichte. Zu Hause findet sie ihren Mann, den sie immer nur den „Fisch" nennt, leblos „mit dem bleichen Bauch nach oben auf dem wassernassen Bett" (29). So verliert sie zugleich das rote Korallenarmband und ihren Geliebten.

Die Erzählerin gründet ihre Identität auf die Familiengeschichte und definiert sich so über die Vergangenheit. Diese ist aber ebenso tot wie ihre Gegenwart, in der sie mit einem schweigenden und untätigen Mann zusammenlebt, dessen Mantra: „Ich interessiere mich nicht für mich selbst" (20) ihrer Einstellung – „Ich interessiere mich ausschließlich für mich selbst" (20) – diametral entgegengesetzt ist.

Hurrikan (Something farewell)

Die zweite Erzählung umfasst 24 Seiten, ist in 33 Erzählabschnitte eingeteilt und trägt den Titel: ***Hurrikan (Something farewell)***. Nora macht mit ihrer Freundin Christine bei Kaspar, ihrem ausgewanderten Ex-Freund und jetzigen Farmarbeiter, Urlaub auf Jamaika. Dort lernt man den Ladenbesitzer Brenton kennen sowie Cat, der gern Haschisch raucht und derzeit bei Kaspar wohnt. Kaspars dunkelhäutiger Freund Cat wurde wegen eines Seitensprungs vorübergehend von seiner Frau verlassen, die die Kinder mitgenommen hat.

Man lebt in den Tag hinein, spielt „Sich-so-ein-Leben-vorstellen" (31, 48), indem man seiner Fantasie die Zügel schießen lässt und sich ein dauerhaftes Leben auf Jamaika ausmalt, und wartet auf einen Hurrikan, vor dem täglich mehrfach im Radio gewarnt wird. Während sich Kaspar Nora mehr für sich wünscht, baut sich zwischen dem schweigsamen Cat und Christine eine erotische Spannung auf, die letztlich ohne Erfüllung bleibt. Mit der unwahren Zusage an Cat, bald wiederzukommen, fliegt Christine allein nach Berlin zurück, Nora schreibt später an sie: „Der Hurrikan ist an uns vorbeigezogen“ (54).

Das Abenteuer Jamaika bleibt für alle Beteiligten folgenlos. Man vergeudet sein zielloses Leben, entflieht in fantastische Lebensentwürfe, begnügt sich mit kleinen Ereignissen wie der Bewunderung des Drachenfliegers, der sich zumindest etwas vom Boden des langweilig Alltäglichen löst, und wartet darauf, dass ein Großereignis wie ein Hurrikan einem alle „Entscheidungen abnimmt“ (51). Aber ein solcher Lebenswirbel bleibt aus.

Sonja

Die dritte Erzählung ***Sonja*** ist mit 30 Seiten die längste. In 36 Erzählabschnitten berichtet ein Fotokünstler in der Ich-Form von seiner 21 Monate andauernden Beziehung zu der Zufallsbekanntschaft Sonja. Nach einem Besuch bei seiner Freundin Verena begegnet er Sonja erstmals während der Zugfahrt von Hamburg nach Berlin. Die etwa 20-Jährige ist in allem das Gegenteil zu Verena: Sie ist unattraktiv und zeigt bis auf ihren Willen, den Künstler „haben zu wollen“ (58), ein nahezu amorphes Wesen. Es gelingt ihr, eine Kontaktaufnahme des Erzählers zu sich zu bewirken, die auch durch den Besuch Verenas in Berlin nur unterbrochen wird. Nach einem von Sonja ausgerichteten Fest bemerkt der Erzähler, „dass Sonja dabei war, sich in meinem Leben zu verhaken“ (67). Sie verkehrt fast täglich bei und mit ihm, doch bleibt die Beziehung platonisch. Als bei einem Sommerbesuch Verenas beide im Freibad auf Sonja treffen, fordert diese den Erzähler auf, sich zwischen den beiden Frauen zu entscheiden. Der weicht zwar aus, verbringt aber nach der Abreise Verenas fast seine gesamte Zeit mit Sonja, bis die ihn zu einem Heiratsversprechen nötigt, indem sie sich auf die Schienenstränge eines herannahenden Zuges stellt. Als Sonja für einen Monat verreist, entdeckt der Erzähler, dass er Sonja nicht nur vermisst, sondern „wohl liebte, letztendlich doch" (79). Er fährt nach Hamburg und macht Verena einen überhasteten Heiratsantrag, den diese annimmt. Als er, zurück in Berlin, die Einladung Sonjas, mit ihr in Urlaub zu fahren, mit dem Hinweis auf seine Hochzeit ablehnt, wirft sie ihn aus ihrer Wohnung, ignoriert seine weiteren Kontaktversuche und verschwindet letztlich durch einen Umzug aus seinem Leben.

Sonja ist eine Figur nahezu ohne Individualität. Sie passt sich dermaßen geschmeidig an den Erzähler an, dass er in ihr die schweigsame Zuhörerin wie die Verkörperung seines Alter-Egos zu sehen glaubt, die ihm identitätsbildende Selbstbestätigung ermöglicht. Sonja verkörpert nicht nur dem Namen nach jenen gesunden Menschenverstand, der dem alltäglichen Leben festen Halt gibt. So wird sie für ihn einerseits allmählich unverzichtbar, weil er auch zunehmend seine Selbstliebe auf sie projiziert. Andererseits flieht der Ich-Erzähler vor der Vorstellung, diese Person heiraten und mit ihr Kinder haben zu sollen, weil sie für das sich an Äußerlichkeiten und Wertbehauptungen orientierende System unserer Gesellschaft nicht repräsentativ genug ist.

Ende von etwas

Die vierte Erzählung ***Ende von etwas*** ist mit zwölf Seiten die zweitkürzeste des Sammelbandes, weshalb auf eine Untergliederung in Erzählabschnitten verzichtet wird. Sie spielt mit ihrem Titel auf die Kurzgeschichte *The End of Something* von Ernest Hemingway an und schildert das Verhalten und Sterben der Großmutter Sophies, von dem diese in einem Café dem Erzähler berichtet. Sophies Großmutter habe allein am Helmholtzplatz in Berlin gewohnt und sei, weil sie auf eine Gehhilfe angewiesen war, von ihrer Tochter und deren Mann mit Zigaretten und Alkoholika versorgt worden. Sie habe darauf bestanden, dass man ihr stets ein Teelicht anzündet. In ihrem letzten Jahr, sie sei inzwischen bettlägerig und inkontinent gewesen, habe sie immer wieder alle des Diebstahls verdächtigt und habe damit sogar die Hochzeitsfeier einer Enkelin gestört. Wiederholt habe sie zwei tragische Anekdoten ihres Lebens erzählt, eine Kriegs- und eine Nachkriegsgeschichte. Eines Tages habe dann ein merkwürdiger Anruf Sophies Vater alarmiert und zur Wohnung der Großmutter rennen lassen, wo er diese am ganzen Körper lichterloh brennend und tanzend vorgefunden habe.

Es bleibt zwar offen, ob Sophies Großmutter ihrem Leben selbst ein Ende gesetzt hat, doch darf man davon ausgehen, dass dieses tragische Ende willentlich oder unwillentlich auf ihre eigene Initiative zurückzuführen ist. Sie, die sich durch ihre Familie ihrer Besitztümer beraubt wähnte, beraubte sich so am Ende selbst des einzigen, wovon ihr immer weniger blieb: des Lebens.

Bali-Frau

Die fünfte Erzählung ***Bali-Frau*** ist 17 Seiten lang und in zwei Erzählabschnitte eingeteilt. Eine vermutlich weibliche Ich-Erzählerin berichtet einem nicht näher bezeichneten Du, offenbar ihrem Ex-Freund, von einer Begegnung auf einem Premierenfest eines bedeutenden Regisseurs. Die Ich-Erzählerin wird an diesem Abend von Christiane und Markus Werner, der auffällige rosa Plastikhandschuhe trägt, begleitet. Die Nacht zuvor haben die drei gemeinsam verbracht und Drogen zu sich genommen. Im Sternenfoyer des Theaters, wo das Fest stattfindet, bemüht sich Christiane, den ältlichen und verkommen wirkenden Regisseur, in den sie sich verliebt hat, durch ihren Tanz für sich zu gewinnen. Sie wird jedoch von einer anderen Frau ausgestochen, und das nicht nur, weil man während des Tanzens deren Scham sehen kann. Es ist die aus Bali stammende

Frau des Regisseurs. Nachdem Markus Werner, der davon träumt, einen Film über die Inhaltslosigkeit des Lebens zu machen, mit einem Megafon Unverständliches durch die Gegend brüllt und das Fest schließlich in eine Orgie mündet, begeben sich die drei Freunde auf Einladung der Bali-Frau in die Wohnung des Regisseurs. Dort werden sie von dessen vier oder fünf kleinen Kindern empfangen, während der Regisseur schon schläft. Die Bali-Frau führt sie in die Küche, bietet ihnen Tee und Bier an und erzählt unablässig Blondinenwitze. Am Morgen verlassen die Erzählerin und Christiane die Wohnung, während Markus Werner auf der Küchenbank eingeschlafen ist. Im Verlaufe der Handlung denkt die Erzählerin in einer Art Parallelhandlung immer wieder an ihren Ex-Freund, den sie offenbar immer noch liebt, und erwägt, statt zur Wohnung des Regisseurs zu ihrem Ex-Freund zu fahren, weiß aber, dass sie dort nicht willkommen wäre. Sie erinnert sich sehnsuchtsvoll an gemeinsame Trinkabende und unbeschwerte Winterspaziergänge.

Die Geschichte bezieht ihre Spannung aus dem Gegensatz des äußeren Geschehens und des inneren Erlebens der Erzählerin, der durch eine melancholische Erfolglosigkeit verklammert wird. Das schrille, orgiastisch ungezügelte und am Rausch orientierte Leben, das die Erzählerin mit ihren Freunden führt und zumindest teilweise auch mit ihrem Ex-Freund geführt hat, erweist sich weder als sinnfüllend noch befriedigend und verleiht den durch das Leben Torkelnden keinen Halt. Aber auch die scheinbare Stabilität und Belastbarkeit der Beziehung der Bali-Frau zu ihrem schwachen und verführbaren Mann wird nur durch eine extreme Verteidigungsbereitschaft, die auch vor Frivolitäten nicht zurückschreckt, teuer erkämpft.

Hunter-Tompson-Musik

Der Titel der sechsten, 23 Seiten starken und in 18 Erzählabschnitte eingeteilten Erzählung ***Hunter-Tompson-Musik*** verweist nicht auf den gleichnamigen amerikanischen Schriftsteller und Journalisten (1937–2005), sondern handelt von einem alten Mann dieses Namens in New York. Dessen eintöniges Rentnerleben in einem heruntergekommenen Pensionshotel „Washington-Jefferson“, das eher ein pflegeloses Altersheim ist, gerät durch die Begegnung mit einer jungen Frau, die das Zimmer 95 des verstorbenen Mr. Right belegt, in Unruhe. Das unorthodoxe Mädchen, das vor seiner Tür gelauscht hat, ist kein Einbrecherin, sondern interessiert sich für die klassische Musik, die Tompson gerne spielt. Sie erzählt, dass sie auf der Durchreise sei und dass man ihr am Bahnhof ihr Gepäck samt Kassettenrekorder gestohlen habe. Den überraschten Mann fragt sie, ob er sie anderntags in ein Restaurant, das er empfehlen könne, begleiten wolle. Da Tompson längst nicht mehr gewohnt ist, ein Lokal zu betreten, bereitet er sich sorgfältig auf den Abend vor, besorgt dem Mädchen nach einem Tag des Umherirrens in dem Trödelladen seines Bekannten Lenny einen gebrauchten Rekorder und quält sich in seinen einzigen abgetragenen Anzug. Doch das Mädchen versetzt ihn. Trotzdem packt er einen kleinen Schuhkarton mit Tonbändern, und als das Mädchen nach Mitternacht an seine Tür klopft, schiebt er das kleine Päckchen mit dem Rekorder in den Flur. Das Mädchen ist gerührt, weint, will das Geschenk nicht annehmen und bittet den alten Mann, der ein weiteres Gespräch verweigert, schließlich, ihr wenigstens zu sagen, warum er in dem Hotel lebt. Tompson antwortet, weil er so jederzeit fortgehen könne, wann immer er möchte. Die Folgefrage, wohin er denn gehen wolle, weist er unbeantwortet zurück. Tompson ist sicher, dass das Mädchen am nächsten Morgen abgereist sein wird.

Hunter Tompson hat mit dem aktiven Leben bereits abgeschlossen und sich im Warten auf den Tod in einer passiven Alltagsroutine eingerichtet. Das Erscheinen des jungen Mädchens weckt seine Lebensgeister nicht auf, sondern verunsichert und irritiert den alten

Mann, der auf Veränderungen nicht mehr eingestellt und ihnen nicht mehr gewachsen ist. So verschenkt er vorzeitig sein einziges Erbe, die Tonträger klassischer Musik, und sinkt wieder in die Gleichförmigkeit der Zeit zurück.

Camera obscura

Die achte, mit neun Seiten kürzeste und auch nicht in Erzählabschnitte gegliederte Erzählung folgt auf die Titelgeschichte ***Sommerhaus, später***. Sie trägt den Titel ***Camera obscura***. Ein Marie nahe stehender personaler Erzähler berichtet von ihrem etwas unklaren Verhältnis zu einem kleinen, unattraktiven Computerkünstler, der nicht lächeln kann, dessen Augen sie aber schön findet. Schon am allerersten Abend küsst sie ihn auf einem Künstlerfest, auf dem sie ihn kennenlernt, und lässt sich von ihm an die Ostsee einladen. Marie ist von der Beziehung verwirrt, fühlt sich manchmal auch zurückgesetzt und abgewiesen. Als sie ihn das erste Mal in seiner Wohnung besucht, die sie unerwartet aufgeräumt vorfindet, richtet der Künstler die Kamera seines Computers auf sie und bearbeitet ihr Schwarz-Weiß-Bild technisch. Marie ist verlegen und findet ihr Bild grässlich. Da nähert sich der Künstler ihr, küsst und entkleidet sie, während sie wie gebannt den Blick vom Bildschirm des Computers nicht lösen kann. Während sie sich letztlich neben dem Künstler nackt auf dem Boden wiederfindet, zeigt der Bildschirm nur die Rückenlehne des Stuhls, auf dem sie gesessen hat.

Marie ist eine labile Person auf der Suche nach dem Glück. Sie sagt: „Glück ist immer der Moment davor. Die Sekunde vor dem Moment, in dem ich eigentlich glücklich sein sollte, in dieser Sekunde bin ich glücklich und weiß es nicht.“ (158) Sie hat Visionen, wenn sie den Künstler ganz auf seine Augen reduziert und sieht, wie „zwischen seinen Augenbrauen (...) ein drittes, schwarzes und schönes Auge heraus(wächst)“ (164). Ihr Schlusssatz „Es ist schade, (...)

dass man die Dinge immer nur einmal zum ersten Mal sieht" (165), verdeutlicht ihre zeit- und willenlos präsentische Einstellung zum Leben, dem sie selbst wie eine Zuschauerin passiv und entfremdet gegenübersteht.

Diesseits der Oder

Die neunte Erzählung ***Diesseits der Oder*** beschließt den Sammelband. Sie enthält auf 22 Seiten neun Erzählabschnitte. Der Titel ist in Kontrast gesetzt zu Gottfried Benns Gedicht *Epilog 1949 IV*, dessen ersten beiden Zeilen lauten: „Es ist ein Garten, den ich manchmal sehe, / östlich der Oder, wo die Ebenen weit (...)"[11].

Ein dem Protagonisten Koberling (d. h. kleiner Kampflustiger) nahestehender personaler Erzähler berichtet von dem 47-jährigen Drehbuchautor, der sich mit seiner Frau Konstanze und dem Sohn Max während des Sommers aus Berlin in sein abgelegenes Ferienhaus im Oderbruch zurückgezogen hat. Dort schaut er gern von einem selbst aufgeschütteten Hügel in seinem Garten, den er selbst „Napoleonshügel" nennt, über das Land. Da kommt Anna, eine Zirkustochter und Bekannte aus Kindertagen, mit ihrem Freund Tom vorgefahren, um aus Geldnot ein paar Tage bei ihm zu bleiben. Koberling ist entsetzt, weil Anna ihm schon immer auf die Nerven gegangen ist und er ihren Begleiter für einen Kiffer hält. Gleichwohl bietet er ihnen das Gästezimmer unter dem Dach an. Angeekelt beobachtet er, wie seine von einem Spaziergang wiederkehrende Frau Constanze den Besuch begeistert begrüßt. Er selbst erinnert sich an ihren Vater, der als Clown gearbeitet hat und mit dem er befreundet war, sowie an eine Ohrfeige, die er Anna einmal verpasst hat. Dann bereitet er in der Küche für alle das Abendessen vor, lehnt einen von Tom angebotenen Joint ab und folgt passiv und

---

11 Gottfried Benn: *Gedichte*. (Gesammelte Werke in vier Bänden). Hrsg. von Dieter Wellershoff. Dritter Band. Wiesbaden: Limes, 1. Aufl. 1963, S. 345.

wortlos der Unterhaltung. Anna erzählt von ihrem Urlaub in Polen, Constanze von der Einsamkeit am Oderbruch und ihrem Bemühen, Koberling glücklich zu machen. Aber damit tue der sich schwer. Er selbst will allein sein und reimt sich voller Vorbehalte die Lebensumstände seines Besuchs zusammen. Dann bringt der vom Leben Desillusionierte seinen Sohn ins Bett und geht selbst schlafen. Am nächsten Morgen sind alle bis auf Anna zum Einkauf in die Stadt gefahren. Die weckt ihn in seinem Schlafzimmer auf, bietet ihm ein Frühstück an und hofft, er zeige ihr das Oderbruch. Koberling fühlt sich in seiner Intimsphäre verletzt, müde und erschöpft, empfindet rückblickend seine Beziehung zu Constanze als „ein(en) Schutz und eine Resignation“ (178) und willigt schließlich doch in Annas Vorschlag ein. Er verweigert ihr aber ein Gespräch und will bald zurückgehen. Als sie ihn fragt, warum der Kontakt zu ihrem Vater abgebrochen sei, antwortet Koberling, weil sie unterschiedlich gelebt hätten. Am Abend bemerkt er zu seiner Frau, dass er hoffe, sein Sohn Max werde nie unerwartet jemandem ins Haus fallen. Am nächsten Morgen sind Anna und Tom abgereist, um seine Gastfreundschaft nicht zu missbrauchen, haben ihn aber im Herbst zu sich eingeladen. Gehässig bemerkt Koberling zu Constanze, dann seien „die doch bestimmt nicht mehr zusammen“ (188).

Koberling ist ein misanthropischer Egoist, der sich nicht einmal unter dem Versorgungsschutz seiner Frau Constanze wohlfühlt. Er hat sich eingekapselt, meidet jeglichen Fremdkontakt und fürchtet jede Störung seiner Alltagsroutine, die ihn aus dem Gleichgewicht bringen könnte. Kämpferisch, sarkastisch und verdrossen verteidigt er die Bastionen seines Ichs gegen jeden potenziellen Fremdangriff. Ihm gelingt es nicht, seine Überzeugungen und Einstellungen nach außen hin zu vertreten. Koberling fehlen dazu das notwendige Selbstbewusstsein ebenso wie eine offene Persönlichkeit.

Die neun Erzählungen des Bandes *Sommerhaus, später* haben eine Reihe an Gemeinsamkeiten, die sich als Charakteristika dieser ersten Publikation der Autorin verstehen lassen:

Strukturelle Gemeinsamkeiten:

→ Alle Erzählungen können als **Kurzgeschichten** aufgefasst werden; die längeren nähern sich aber der Novelle.

→ Das Verhältnis von **Ich-Erzähler** (4-mal) und meist personalem **Er-Erzähler** (5-mal) ist ausgeglichen, wenn man bedenkt, dass in *Ende von etwas* Sophie dem zuhörenden Erzähler gegenüber nahezu einen Monolog hält.

→ Bis auf zwei Geschichten werden alle Erzählungen mehr oder minder stark in **Erzählabschnitte** gegliedert.

→ In allen Erzählungen findet sich eine stark **begrenzte Figurenzahl**.

→ Bis auf drei Geschichten, die in Jamaika, New York oder im Oderbruch spielen, wird als **Handlungsort Berlin** gewählt.

→ Fünf der Erzählungen spielen im **Winter**, zwei im Sommer, eine im Herbst und einmal bleibt die Jahreszeit unerwähnt.

→ Bis auf zwei Erzählungen wird in allen Texten mit **kulturellen Verweisen** gearbeitet, meistens auf die Musik, aber auch auf Literatur und Kunst.

→ Bis auf zwei Erzählungen ist das **Alter der Protagonisten** bei etwa 20 Jahren anzusiedeln. Nur Hunter Tompson als älterer und Koberling als 47-jähriger Mann nehmen sich ebenso davon aus wie die Urgroßmutter der

Ich-Erzählerin in *Rote Korallen* und die Großmutter in *Ende von etwas*. Die mittlere Generation der zwischen 30 und 60 Jährigen wird nahezu ausgeklammert.

→ In vier Erzählungen greift die Erzählfigur zu unrealistischen **visionären Vorstellungsbildern**, um der psychischen Bedürftigkeit einer Figur ein angemessenes Ventil der Darstellung und Äußerung anzubieten.

Intentionale Gemeinsamkeiten:

→ Auf allen Geschichten lastet eine eigenartige **Atmosphäre der Melancholie**, die das Motto von Tom Waits (7) rechtfertigt: „The doctor says, I'll be alright but I'm feelin blue".

→ In allen Erzählungen liegt zwischen den Figuren eine **gestörte Kommunikation** vor, sofern sie nicht sogar gänzlich verweigert wird.

→ Bis auf die Geschichte *Bali-Frau* spielt in allen Erzählungen das **Motiv des Verrats** eine Rolle oder wird zumindest in einer Form thematisiert.

→ Außer in der ersten Erzählung *Rote Korallen* findet in allen das **Motiv des Spiels** Verwendung. Dieses Spiel stellt sich entweder als eine Form des fiktionalen Lebensentwurfs dar, der z. T. auch alternativ durchgespielt wird (*Hurrikan [Something farewell]*), oder als stillschweigend sich etablierende Handlungsregel, die Anspruch darauf erhebt, respektiert und befolgt zu werden.

→ In sechs der Erzählungen spielen **Berührungsängste** eine wichtige Rolle, sodass Körperkontakte vermieden werden oder ihnen eine besondere Funktion zukommt.

→ In vier Erzählungen begegnet man Protagonisten mit einer ausgesprochenen **Entscheidungsschwäche**, die sie außerstande setzt, ihr Leben gestaltend und verändernd in den Griff zu bekommen. Sie sind zumeist Gefangene ihrer Alltagsroutine.

3. TEXTANALYSE UND -INTERPRETATION

3.1 Entstehung und Quellen

ZUSAMMEN-FASSUNG

Judith Hermann verfasste im Rahmen eines Autorenstipendiums 1997 ihren ersten Erzählband *Sommerhaus, später*. Inspirieren ließ sich die Autorin vor allem von persönlichen Gespräche, Erlebnissen und Eindrücken. Mit dem US-Erzähler Raymond Carver, mit dem sie Kritiker oft vergleichen, hat sich Hermann nach eigener Aussage erst nach Erscheinen ihres Debütbandes beschäftigt.

Stipendium als Voraussetzung

Als Judith Hermann nach einem halben Jahr als Volontärin bei zwei deutschsprachigen Zeitungen in New York 1996 nach Berlin zurückkehrte, wusste sie nicht, wie es mit ihr weitergehen sollte. Um ihre Einsamkeit und ihr Heimweh in New York zu verarbeiten, hatte sie von dort Freunde und Verwandte mit kleinen Geschichten bedacht. Da es ihr schien, als liege ihr das literarische mehr als das journalistische Schreiben, an dem sie sich zuvor an der Berliner Journalistenschule eher erfolglos probiert hatte, fasste sie den Mut, sich um das Alfred-Döblin-Stipendium zu bewerben. Mit diesem Stipendium fördert die Berliner Akademie der Künste nicht nur Berliner Schriftsteller und Schriftstellerinnen, die bereits veröffentlicht haben, sondern auch solche, „die in Arbeitsproben eine literarische Qualität erkennen lassen“[12]. Hermanns Bewerbung war erfolgreich und erlaubte ihr, sich für fünf Monate in dem von Günter Grass der

12 https://www.adk.de/de/presse/pressemitteilungen.htm?we_objectID=55616 (Stand: Oktober 2017).

Berliner Akademie der Künste zur Verfügung gestellten Haus im schleswig-holsteinischen Wewelsfleth, nordwestlich von Hamburg an der Elbe gelegen, auf die literarische Arbeit zu konzentrieren.

Literarisches Colloquium Berlin

Das vom Schriftsteller und Literaturwissenschaftler Walter Höllerer (1922–2003) 1963 nach dem Mauerbau gegründete Literarische Colloquium Berlin richtet in seiner Villa „Am Sandwerder 5" am Großen Wannsee seit 1997 regelmäßig eine „Autorenwerkstatt Prosa" aus. Hier werden junge Autorinnen und Autoren an vier langen Wochenenden im Herbst gefördert, die zwar noch kein eigenes Buch veröffentlicht haben, aber durch ihr im Frühjahr eingesandtes Manuskript literarisches Talent erkennen lassen. Nach ihrem Stipendium zählte Judith Hermann 1997 zu den ersten Teilnehmern dieses von Katja Lange-Müller und Burckhard Spinnen geleiteten Workshops. Hier lernte sie auch die schon zu DDR-Zeiten bekannte Schriftstellerin Monika Maron (geb. 1941) kennen, die ihre Arbeiten schätzte und dem S. Fischer Verlag zum Druck empfahl. Aus dieser Zeit stammt auch die erste Veröffentlichung Judith Hermanns, die Arbeitsfassung der späteren Titelerzählung ihres Erzählbandes *Sommerhaus, später*. Der Text erschien noch vor der Buchversion unter dem Titel: *Sommerhaus, Canitz, später* in dem Publikationsorgan des Literarischen Colloquiums Berlin, der Literaturzeitschrift *Sprache im technischen Zeitalter.*[13]

Auf die Frage, wie die Geschichten des Sammelbandes *Sommerhaus, später* entstanden sind, hat Judith Hermann geantwortet:

> „Die [Entstehung; R. G.] fängt im Kopf an. Meistens gibt es irgendwelche Gesprächsfetzen, Erlebnisse und Situationen, die sich bei mir festhaken und die ich mir merken muss, weil ich

---

13 Judith Hermann, *Sommerhaus, Canitz, später*. In: Sprache im technischen Zeitalter, Jg. 36/1998, Nr. 145, S. 57–66.

denke, aus denen könntest du mal eine Geschichte spinnen. Und dann laufe ich lange mit diesem Bruchstück durch die Gegend. Dann gibt es den Titel, der kommt noch, bevor die Geschichte da ist. Und dann gibt es den ersten Satz. (…) Bevor ich die ersten drei, vier Sätze nicht im Kopf habe, traue ich mich nicht mit dem Schreiben anzufangen – das ist auch das Schwierigste. Dann geht es relativ in einem runter."[14]

Zur Entstehung der Titelerzählung nimmt sie wie folgt Stellung:

Verheimlichter konkreter Anlass

„Zu *Sommerhaus, später* gibt es – wie zu jeder Erzählung – einen konkreten Anlass und ein auslösendes Moment, wie für jede Erzählung gibt es aber die – möglicherweise abergläubische – Regel, diesen Anlass nicht zu benennen; er spielt auch für die Geschichte an sich keine Rolle mehr."[15]

Die Wahl des Titels der Erzählung *Sommerhaus, später* zum Titel des gesamten Erzählbandes begründete die Autorin so:

„Der Titel *Sommerhaus, später* konnte damals für meine Begriffe am ehesten stellvertretend für alle Erzählungen stehen, das Verschieben, Aufschieben von Erwartung und Erfüllung – ich möchte bestimmte Dinge, ja, aber noch nicht jetzt, ich möchte sie später – schien sich mir motivisch durch alle Erzählungen zu ziehen."[16]

---

14 Redhair: *Judith Hermann (Interview)*. In: Pausenhof.de (https://www.pausenhof.de/referat/deutsch/judith-hermann-interview-/6771, Stand: Oktober 2017).
15 Persönliche Antwort Judith Hermanns an den Verfasser vom 18. 9. 2017.
16 Ebd.

Nähe zu Raymond Carvers Minimalismus

Judith Hermanns Debüterzählungen werden häufig mit denen des amerikanischen Schriftstellers Raymond Carver (1938–1988) in Verbindung gebracht, dessen Kurzgeschichten ebenfalls von einem lakonischen Stil und einem literarischen Minimalismus geprägt sind. Judith Hermann hat sogar zu einer Neuausgabe von Texten Carvers ein Vorwort geschrieben[17] und bestätigt, dass sie Carvers Stil des Auslassens schätzt. Allerdings habe sie sich mit Carver erst nach dem Erscheinen des Erzählbandes *Sommerhaus, später* auseinandergesetzt.

---

17 Judith Hermann: *On Carver. Ein Versuch*. In: Raymond Carver: Kathedrale. Erzählungen Berlin: Berlin-Verlag, 2001, S. 9–16.

3.2 Inhaltsangabe

ZUSAMMENFASSUNG

Die Beziehung des Taxifahrers Stein zur Ich-Erzählerin, die in einer Künstler-Clique lebt, liegt bereits zwei Jahre zurück, als er sie einlädt, mit ihr ein Haus außerhalb Berlins zu besichtigen, das er endlich gefunden habe. Es handelt sich um ein großes, verfallenes Gebäude im Oderbruch, das er in der Hoffnung auf eine gemeinsame Zukunft mit ihr gekauft hat. Aber die Erzählerin bleibt distanziert. Stein renoviert das Haus in der Folgezeit trotzdem und hält die Ich-Erzählerin über seine Fortschritte auf dem Laufenden. Weil seine Bemühungen aber ohne Resonanz bleiben, gibt Stein letztlich alle Hoffnung auf, steckt das Haus in Brand und verschwindet. Die Erzählerin reagiert auf die ihr zugeschickte Zeitungsmeldung von der Zerstörung des Hauses nur mit dem Wort: „Später".

(25 Erzählabschnitte)

Das gefundene Haus

(1) Stein ruft die Erzählerin an, er habe das Haus gefunden. (2) Die Erzählerin erinnert sich, dass er ein Sommerhaus auf dem Lande gesucht hat. (3) Stein teilt ihr begeistert mit, dass er das Haus gekauft habe und sofort vorbeikomme, sie abzuholen. (4) Obwohl sie wegen der Kälte eigentlich keine Lust hat, steigt sie zu Stein ins Taxi.

Vorgeschichte: Stein und die Clique

(5) Die Erzählerin erinnert sich an ihre zwei Jahre zurückliegende Beziehung mit Stein. Sie hatte ihn in seinem Taxi kennengelernt und den Wohnungslosen mit zu sich nach Hause genommen, wo er drei Wochen blieb. (6) In dieser Zeit fuhren sie Musik hörend mehrmals die Frankfurter Allee herauf und herunter. (7) Später fuhren

sie zu je nach Straßenart wechselnder Musik in Berlin herum. (8) Nach drei Wochen warf die Erzählerin Stein hinaus. Er fand aber in ihrer Clique wechselhaften Unterschlupf, war Partner der in dieser Gruppe praktizierten freien Liebe und war überall dabei, ohne recht dazuzugehören. (9) Er nahm an ihren groupiehaften Sommerausflügen aufs Land teil, befreite die verlassenen Häuser von den Resten an DDR-Bürgerlichkeit, konnte aber zu den Kulturdiskussionen nichts beisteuern. Nach den von Stein vorgenommenen Aufräumarbeiten einer Fete in Heinzes Haus in Lunow kamen sich Stein und die Erzählerin etwas näher.

Auf dem Weg zum Haus

(10) Sie fahren in der Erzählgegenwart wieder über die Frankfurter Allee. Während Stein das Auto nervös und mit vielen Regelverstößen steuert, erzählt er, dass er das Haus für 80.000 Mark gekauft habe. (11) Sie verlassen Berlin, es beginnt zu schneien. Die Erzählerin schiebt wie gewohnt eine Kassette mit Arien der Sopranistin Callas in den Rekorder. Stein passt seine Geschwindigkeit der Arie an. Als sie kurz seine Wange berührt, stellt sie fest, dass die Haut stachelig ist. (12) Hinter Angermünde hält Stein vor einem Flachbau und nimmt von einer Frau im Küchenkittel namens Andersson einen Schlüsselbund in Empfang. Ausgelassen tanzt er vor dem herabgelassenen Autofenster der Erzählerin umher. (13) Stein erzählt, dass der Dortmunder Vorbesitzer seines Hauses in Canitz den Leuten gekündigt habe. Die Erzählerin findet die Leute ekelhaft. Stein wirft ihr den Schlüsselbund zu. Während die Erzählerin die einzelnen 23 Schlüssel besingt, beginnt sie Steins Vorfreude zu verstehen. Der freut sich, der Erzählerin sein Haus zeigen zu können. (14) Canitz erweist sich als fast totes, verlassenes Dorf, nur die Dorfkirche findet die Erzählerin schön. Stein summt vor sich hin. (15) Das Haus, ein großes zweistöckiges Gutshaus, scheint der Erzählerin eine Ruine, die einzustürzen droht.

(16) Stein verschwindet hinter dem Efeu der Veranda im Haus und bittet die Erzählerin herein. Zögerlich folgt sie ihm über Schutt und Müll, bis er sie fasst und kräftig hineinzieht. (17) Während Stein liebevoll über die marode Bausubstanz streicht, klammert sich die Erzählerin angstvoll an ihn. (18) Wieder im Freien erklärt Stein, dass das Haus allen Erfordernissen der Clique entspreche und alle individuell beherbergen könne. Die Erzählerin weicht vor Steins Hand an ihrem Gesicht zurück. Sie ist wütend, dass sie ohne ihre Clique mit Stein allein ist. Beide setzen sich auf die Verandatreppe und rauchen. Verlegen schlägt die Erzählerin vor, den Efeu von der Veranda zu entfernen. Dabei denkt sie an ihre stille Übereinkunft in Heinzes Garten. Auf ihre Frage erläutert Stein ihr, dass das Haus als eine Option für sie beide zu verstehen sei, mehr nicht. Als die Erzählerin mit Unverständnis reagiert, kühlt sich Steins Stimmung merklich ab. Er dankt der Erzählerin, ihn begleitet zu haben. (19) Nach wochenlanger Pause, in der die Clique ihr bohemehaftes Leben fortführt, ohne dass von dem Haus gesprochen würde, bemerkt die Erzählerin in Steins Taxi Renovierungsmaterialien. (20) Im Februar bricht Toddi auf dem Griebnitzsee ein. Während die anderen mit der Rettung befasst sind, rauchen Stein und die Erzählerin gemeinsam und lachen in Einverständnis. (21) Im März verschwindet Stein aus der Clique, sendet aber eine Karte an die Erzählerin mit einem Foto der Dorfkirche von Canitz. (22) Stein teilt mit, dass das Dach dicht sei, er im Garten etwas anbaue und den Efeu schneide, wenn sie komme. Sie habe ja noch die Schlüssel. (23) Darauf schickt Stein die immer gleiche Karte fast täglich und schreibt immer wieder „wenn du kommst“. Die Erzählerin aber wartet auf die Aufforderung „Komm!“. Im Mai trifft ein Brief von Stein ein, in dem ein Ausschnitt aus dem Angermünder Anzeiger steckt. (24) Die Meldung besagt, dass das ehemalige Gutshaus in Canitz nach seiner Instandsetzung vermutlich durch Brandstiftung niederge-

Steins Vorschlag

„Wenn du kommst“

Mit Stein im Taxi durch Berlin
© ullstein bild – Westend61/A. Tamboly

brannt sei. (25) Der Brief ist in Stralsund aufgegeben. Die Erzählerin legt ihn zu den anderen Karten und dem Schlüsselbund und denkt: „Später".

3.3 Aufbau

ZUSAMMENFASSUNG

- Der Text ist in 23 Erzählabschnitte und zwei erzählerische Sonderformen, also in insgesamt 25 Erzählabschnitte eingeteilt.
- Die Handlung ist wie ein fünfaktiges Drama aufgebaut.
- Von der Textsorte her kann die Erzählung als Kurzgeschichte gelten.

Wie fünfaktiges Drama aufgebaut

Die ersten neun Erzählabschnitte (139–144) bilden die **Exposition**. Hier werden die Ausgangssituation dargestellt und die beiden Protagonisten eingeführt: Stein ruft die Ich-Erzählerin an und holt sie ab. Zudem wird in einem Rückblick das Verhältnis der beiden Protagonisten zueinander geklärt. Handlungsort ist hier Berlin.

In den Erzählabschnitten 10 bis 13 (144–147) erfährt die Handlung eine **Steigerung**, insofern die Autofahrt in die Uckermark die beiden Protagonisten an ihr Reiseziel führt, das von Stein in Canitz gekaufte Haus.

Den Höhepunkt der Erzählung, ihre **Peripetie**, erfährt die Handlung in den Erzählabschnitten 14 bis 18 (147–153). Stein zeigt der Ich-Erzählerin das marode Gebäude und deutet an, warum er es gekauft hat. Eine Peripetie, ein Umschwung der Handlung, findet hier in doppelter Weise statt. Zum einen kommt die von Stein ausgehende Dynamik der Handlung, die gemeinsame Bewegung auf ein Ziel zu, zum Erliegen. Zum anderen wird deutlich, dass die Ich-Erzählerin Steins Euphorie trotz einiger Anflüge letztlich doch nicht teilt. Die gemeinsame Besichtigung des Hauses in der Uckermark, zugleich in der größten Entfernung zu Berlin, erhellt die Differen-

STRUKTUR VON *SOMMERHAUS, SPÄTER*

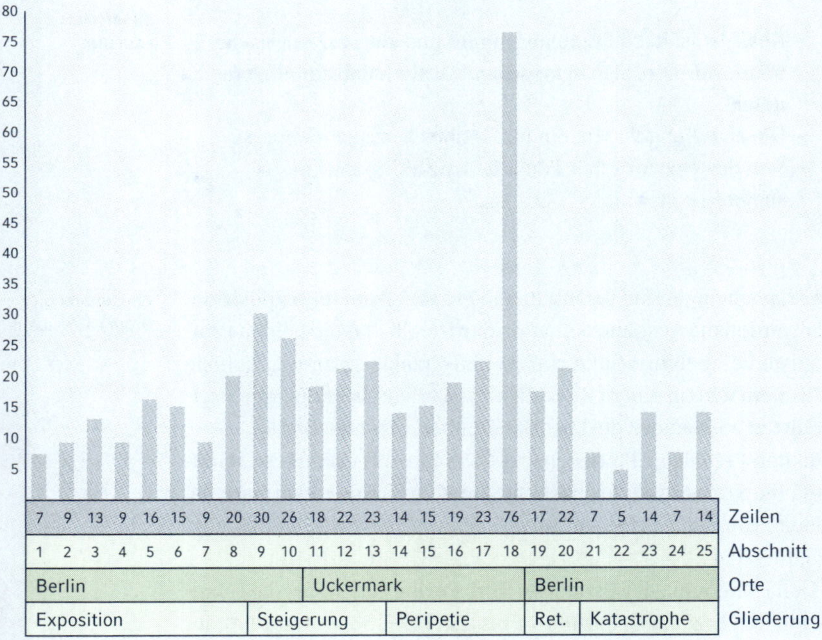

zen in der Beziehung der beiden Protagonisten. Damit ist, in der Sprache des Dramas gesprochen, der Knoten geschürzt.

Zwischen Entfremdung und Nähe

Die **Retardierung**, also die Verzögerung der Problemlösung, wird sehr kurz gehalten und umfasst lediglich die beiden Erzählabschnitte 19 und 20 (153–154). Sie fassen ausschnitthaft zusammen, wie sich das Verhältnis der beiden Protagonisten nach dem gemeinsamen Ausflug nach Canitz in Berlin weiter gestaltet: Es ist ein Prozess zwischen Entfremdung und Nähe.

Die Problemlösung, die **Katastrophe,** füllt die letzten fünf Erzählabschnitte (154–156). Die Ich-Erzählerin stellt dar, wie sie nach dem Verschwinden Steins mit seinen wiederholten Kontaktversuchen umgegangen ist, bis Stein das von ihm für sie renovierte Haus niederbrennt.

Für Novelle charakteristisch

Ein solcher Aufbau zählt bei erzählenden Texten eigentlich zu den besonderen Erkennungsmerkmalen der Novelle. Die Novelle wird deshalb gelegentlich als eine Zwischengattung zwischen Erzählung und Drama betrachtet, so wie die Ballade als eine Zwischengattung zwischen Drama und Lyrik aufgefasst werden kann. Die dritte Zwischengattung, die Merkmale der Prosa und der Lyrik aufweist, das Epos, der eigentliche Ursprung der Prosa, hat heute kaum noch Bedeutung. Dass sich dieser dramatische Aufbau hier in einer Erzählung wiederfinden lässt, die der Kurzgeschichte nahesteht, ist jedoch kein Widerspruch, denn die Gliederungsform des Dramas gilt für viele literarische Ausdrucksformen bis hin zum Film als besonders sinnvoll und effektiv.

3.4 Personenkonstellation und Charakteristiken

ZUSAMMEN-FASSUNG

Judith Hermanns *Sommerhaus, später* kann man nahezu als Erzählung eines Zwei-Figuren-Dramas bezeichnen, da alle anderen auftauchenden Figuren in Berlin und der Uckermark nur eine Nebenrolle spielen und lediglich als gemeinsamer Hintergrund dienen:

Erzählfigur

→ Die Erzählerin ist unsicher und noch auf der Suche nach ihrer eigenen Identität.

→ Deshalb möchte sie sich nie festlegen, weicht allen Entscheidungen aus und verschiebt sie auf später.

Stein

→ Der Taxifahrer hat sich in die Erzählerin verliebt und möchte mit ihr gemeinsam seine Zukunft gestalten.

→ Ihr zuliebe unterwirft er sich der Clique, kauft das Haus im Oderbruch und renoviert es.

Clique

→ Die Künstler-Clique besteht aus Anna, Christiane und Henriette sowie Falk, Heinze und Toddi.

→ Die Clique unterhält zueinander offene und wechselhafte Beziehungen.

Die Ich-Erzählerin

Um die 20 Jahre alt

In den meisten Texten von Hermanns erstem Erzählband sind die Protagonistinnen um die zwanzig Jahre alt. Eine Ausnahme bilden nur die Großmütter in *Rote Korallen* und *Ende von etwas*. Deshalb darf davon ausgegangen werden, dass auch die namenlose Ich-Erzählerin in *Sommerhaus, später* der Altersgruppe der Zwanzig-

bis Dreißigjährigen zuzurechnen ist. Letztlich bleibt ja selbst das Geschlecht der Erzählfigur unbestimmt, wie auch alle anderen beschreibenden oder charakterisierenden Angaben fehlen. Wir wissen weder etwas über das Aussehen dieser Figur, noch über ihre Herkunft oder berufliche Bildung und Tätigkeit. Wir wissen nur, dass sie in einem Haus in Berlin wohnt, vielleicht Kreuzberg, dessen andere Bewohner ebenfalls Singles zu sein scheinen und gemeinsam eine Art Clique bilden. Dort hat sie eine eigene Wohnung in einem Stockwerk oberhalb des Erdgeschosses (142,13), aber kein Auto, weshalb sie mit dem Taxi fährt (140,22). Es bleibt unklar, wie sie ihr Leben finanziert. Auch von ihrem Alltag erfahren wir nichts, nur dass sie ihre freie Zeit gemeinsam mit der Clique zu verbringen scheint, sofern sie sich nicht während der drei Wochen des Zusammenlebens mit Stein von ihm in seinem Taxi durch Berlin fahren lässt. Innerhalb der Clique zählt sie allem Anschein nach eher zu den Mitläufern, denn an keiner Stelle der Erzählung wird erwähnt, dass von ihr irgendeine Initiative ausgeht oder sie innerhalb der Gruppe eine ihr speziell zukommende Funktion erfüllte. Wir haben uns demnach eine überwiegend passive Persönlichkeit vorzustellen (142,10 f.). Von ihrer Lebensgestaltung erfahren wir ansonsten nur, was im Rahmen der Clique geschieht. Dort gilt sie offenbar als integriertes Mitglied, die sich ihrerseits widerspruchslos an den vorgenommenen Gruppenhandlungen beteiligt. Die bestehen vor allem aus Alkohol- und Drogenkonsum, künstlerischen Interessen und wechselseitiger Bestätigung, die ein pubertäres Peergroup-Auftreten und promiskuitives Sexualverhalten einschließen. Die Ich-Erzählerin scheint zu den jüngeren Mitgliedern der Clique zu gehören und erzeugt das Abbild eines Menschen, der unfertig und auf der Suche nach seiner eigenen Identität ist. Weder Individuation noch Sozialisation scheinen abgeschlossen. Daraus resultieren Unsicherheit, Orientierungslosigkeit, Pas-

Eher passive Mitläuferin

Auf der Suche nach ihrer Identität

sivität, Unentschlossenheit, Entscheidungsunfähigkeit und Verantwortungsflucht.

Die überwiegend passive Wesensstruktur der Ich-Erzählerin zeigt sich bereits, als sie Stein kennenlernt. Sie widerspricht nicht, als Stein nach der ersten gemeinsamen Taxifahrt bei ihr einzieht und drei Wochen bleibt (141,2 f.). Stein enthebt sie geradezu der Notwendigkeit allen Denkens (139,18; 141,16 f. u. 23 f.). Aber diese Beziehung führt nicht zu einer dauerhaften Intimität, sondern verfällt nach der Phase der Euphorie zunächst in Gleichgültigkeit, bevor sie sich in Fremdheit (145,13 f.) wieder auflöst. Dass sie den Taxifahrer nach drei Wochen herauswirft, ist dabei weniger ein Akt souveräner Selbstbestimmung als ein Akt der Angst. Die Ich-Erzählerin hat Angst davor, sich zu binden, sich festzulegen, etwas Unveränderbares zuzulassen. Man könnte ihr Verhalten als einen Drang nach Freiheit und Unabhängigkeit deuten, den gleichen Maximen, nach denen offenbar die Clique ihr grenzenloses Verhalten ausrichtet. Aber dieser Drang nach Unabhängigkeit ist aus der Furcht vor der Festlegung geboren. Sie will sich alle Wege ihrer Zukunft offenhalten, ohne irgendetwas zu unternehmen, was dieser Zukunft als Zielsetzung dienen könnte. Es scheint, als unterliege sie bereits in ihren jungen Jahren jenem Jugendwahn, der zumeist erst den Menschen jenseits der Midlife-Crisis zugesprochen wird und geprägt ist von dem verzweifelten Versuch, nachzuholen oder zu bewahren, was das Alter später nicht mehr zuzulassen droht. Neben dieser jugendlichen Torschlusspanik ist auch möglich, ihr Verhalten als generelle Lebensangst einer zwanghaften Persönlichkeit[18] zu deuten. Sie möchte an der Situation, an die sie sich in der Clique gewöhnt hat, festhalten, scheut deshalb Veränderungen und will den

Bindungsangst

Drang nach Unabhängigkeit

---

18 Vgl. dazu: Fritz Riemann: *Grundformen der Angst*. München, Basel: Max Reinhardt, 42. Aufl. 2017, S. 121–178.

vertrauten libertinösen Zustand beibehalten. Das gilt bis zum Ende der Beziehung zu Stein. Allen seinen zugegebenermaßen inkonsequenten Versuchen, sie für sich und ein gemeinsames Leben in dem restaurierten Haus zu gewinnen, zum Trotz, will sie ihre derzeitige Lebenseinstellung vor jeder Gefährdung durch Veränderungen retten. Daher verschiebt sie alle lebenswichtigen Entscheidungen selbstbetrügerisch auf ein unbestimmtes Später (156,21). Sie ist zufrieden, wenn die Dinge sich so verhalten, wie sie es gewohnt ist. Das begründet auch ihre Unfähigkeit, sich für etwas Neues zu entscheiden, selbst dann, wenn es sie zunächst gar nicht direkt betrifft. So wehrt sich die Ich-Erzählerin trotz einer gewissen Sympathie für Steins überbordenden Veränderungswillen (147,13 f.) letztlich doch gegen seine Ideen, weil sie sich durch sie isoliert und aus ihrer Clique gerissen fühlt (144,13 f.; 151,8 f.). Sie erkennt die Gefahren, die von ihrem Gefühl für Stein ausgehen, zieht sich deshalb geradezu ängstlich von ihm zurück und meidet selbst wohlmeinenden Körperkontakt (151,3). Zweimal durchbricht sie diese Regel: Auf der Anfahrt nach Canitz stellen die Klassik-CD mit dem Gesang der Callas und Steins rhythmische Fahrweise ein ihr aus der Zeit der Beziehung vertrautes Gefühl her, dem sie nachgibt, indem sie Stein kurz mit der Hand an der Wange berührt (145,23). In dem abbruchreifen Haus ergreift sie Steins Hand und will sogar „seine Berührung nicht wieder verlieren" (149,13 f.), aber dies ist weniger Zeichen einer Zuneigung als angstvolle Besorgnis um die eigene Sicherheit. Wenn sie sich dabei überrascht, so etwas wie Sehnsucht nach dem liebe- und verständnisvollen Blick Steins zu empfinden, hasst sie sich für diese Anwandlung (152,4) aus Furcht vor einer drohenden Abhängigkeit. Ähnlich verhält sie sich, als sie an den Wänden des Hauses den Spruch Jugendlicher sieht: „Geh zu ihr, und lass deinen Drachen steigen" (150,7 f.). Sie wiederholt ihn an Stein gewandt wie einen geheim gehegten Wunsch, doch als er sich

Entscheidungen werden verschoben

Zwei kurze Gesten der Nähe zu Stein

Furcht vor Abhängigkeit

daraufhin ihr wie „irr" zuwendet, überkommt sie Angst vor ihrem Mut, und sie unterdrückt ihre Emotionen sofort wieder. Es ist eigenartig, wie die Gefühle der Übereinstimmung und der Fremdheit bei ihr nebeneinander bestehen können. Sie hat durchaus Gefühle für Stein entwickelt, auch wenn sie es sich selbst nicht eingestehen möchte. Die drücken sich formal in der Übereinstimmung für die gleiche Musik aus, die sie aller Gedanken enthebt und mit Stein gleichsam auf die gleiche Wellenlänge bringt (141,23), sozial in der im wörtlichen Sinne fast stillschweigenden Übereinstimmung ihrer Seinsschwingungen, wenn sie sich nur ansehen (144,5 f.) oder am Griebnitzsee gemeinsam über Toddis Einbruch ins Eis lachen (154,15–22). Ihre Kommunikation funktioniert dabei weniger über die Sprache als über die Zigaretten, die man gemeinsam raucht. Das Gefühl der Zuneigung zu Stein ist jedenfalls so stark, dass es in Eifersucht umschlägt, wenn Stein Henriette küsst, denn dann muss die Ich-Erzählerin wegsehen (153,20). Ihre auf den Stufen der Veranda in Steins Traum einstimmende Aussage, man müsse von der Veranda das Efeu entfernen, „sonst können wir nichts sehen, wenn wir hier sitzen wollen und Wein trinken" (151,23 f.), ist aber eher eine der Höflichkeit geschuldete Wir-Aussage, statt Ergebnis eines überzeugten Bewusstseins. Andererseits stehen diesen Gefühlen Befindlichkeiten der Fremdheit gegenüber. So kommt sie nach eigener Aussage „an keine Antwort heran" (144,17), warum Stein sie zur Fahrt nach Canitz einlädt, als habe es die Beziehung zwischen ihnen nie gegeben. Wiederholt betont sie die Bedeutungslosigkeit der dreiwöchigen Gemeinsamkeit. Sie gibt vor, Stein vergessen zu haben (139,15 f.; 143,2 f.), wenn sie ihn nicht sieht, wie auch nach ihrer Rückkehr nach Berlin nicht mehr an das Haus zu denken (153,23). Sie denkt in völliger Verkennung der Situation, Stein habe sich aus Interesse an der Clique in die Gemeinschaft gedrängt (153,8), und gibt vor, deshalb Steins Verhalten nicht zu

Eifersucht

begreifen. Dabei ist sie gar nicht so ahnungslos, wie sie tut, denn sie sagt vorher selbst: „Sehr fern verstand ich doch etwas, aber es war noch viel zu weit weg." (151,5 f.) Wenn die Ich-Erzählerin sich Stein immer wieder entzieht, liegt das auch an ihrem gestörten Kommunikationsverhalten. Es gelingt ihr nicht, ihre Gefühle zum Ausdruck zu bringen, weil sie diese konsequent unterdrückt. Es ist einer ihrer Wesenszüge, sich einer in die Zukunft gerichteten Sehnsucht nach einer festen Bindung und menschlichen Heimat ebenso zu versperren wie jeglicher emotionalen Erinnerung. So kann sie sich „auch nicht erinnern, wie das, wie also Sex mit Stein gewesen war" (143,2 f.). Andererseits vernichtet sie die Zeugnisse ihrer emotionalen Vergangenheit nicht, sondern hebt sie sorgfältig auf, wie das Schlüsselbund, das Stein ihr in Canitz bezeichnenderweise „in den Schoß" geworfen hat (147,6 f.), oder die Postkarten, die er ihr nahezu täglich schickt (155,9 f.) und die sie bei Nichteintreffen vermisst. Es ist, als archiviere sie unbewusst die Dokumente der ihr von Stein entgegengebrachten Liebe. So treibt sie letztlich ziellos dahin, lässt sich ihre Entscheidungen durch die Zufälle des Lebens abnehmen und beschränkt sich auf eine latente, fetischisierte Beziehung zu Stein, die sie als eine Möglichkeit ihres Lebens ebenfalls weder aufgeben noch verändern will. Und doch macht sie die Zeitungsnachricht von der Brandstiftung betroffen, sodass sie sie dreimal liest und danach in Teilnahmslosigkeit (156,12) und Stumpfsinnigkeit (156,18) verfällt. Die Tragik dieses Verhaltens liegt darin, dass sie dabei nicht bemerkt, dass sich das Leben und auch ihre Beziehung zu Stein bereits allein durch den Verlauf der Zeit verändern und dass auch eine auf später aufgeschobene, letztlich nie getroffene Entscheidung bereits eine Entscheidung ist, die sich als unumkehrbar erweisen kann. So verharrt sie in der trügerischen Illusion, noch alle Fäden in der Hand zu halten, und bemerkt die gelenkstellenhafte Chance ihres Lebens, die Stein ihr bietet, ebenso wenig

Gestörtes Kommunikationsverhalten

Archivierung einer geleugneten Liebe

wie die Tatsache, dass sie sich stetig von der Wirklichkeit entfernt, bis diese ihr ganz abhandenkommt. Sie verlässt sich ganz darauf, dass Stein eines Tages das ihr wichtige „Komm!" formuliert, dem sie folgen würde, erkennt aber nicht, dass sie ohne ihre eigene Entscheidung einsam bleiben wird. Der folgende Satz aus einer späteren Erzählung könnte auch für diese Geschichte von der Erzählerin formuliert werden: „Ich war nur ratlos mir selbst gegenüber und in dieser Ratlosigkeit auf eine unbekannte Art zufrieden."[19]

Vertane Lebenschance

Stein

Nur mit Nachname benannt

Stein ist die – wenn man Frau Andersson als Außenstehende einmal unberücksichtigt lässt – einzige Figur der Erzählung, die nur mit Nachnamen genannt wird. Von allen anderen Figuren erfährt der Leser dagegen nur die Vornamen. Wollte man seinen Nachnamen in einen Vornamen wandeln, müsste er Peter heißen, nach Petrus, dem Felsen, auf den und – um im Bild der Erzählung zu bleiben – mit dem man bauen kann. Er ist somit ein Symbol für Begriffe wie Grundlage, Fundament und Basis. Stein ist ein Symbol des Dauerhaften wie des potenziellen Lebens. Mit diesem assoziativen wie traditionellen Begriffsfeld, das seinen Namen begleitet, allein ist Stein der ausgemachte psychische Gegenpart zur Ich-Erzählerin.

Psychische Gegenpart zur Erzählerin

Obwohl nirgends erwähnt, scheint Stein der Altersklasse der Clique anzugehören. Er ist „ziemlich schön" (142,15), zeigt ein gepflegtes Äußeres (141,7 f.), verdient seinen Lebensunterhalt als Taxifahrer, besitzt aber keine eigene Wohnung, sondern erschnorrt sich offenbar über wechselnde Beziehungen immer nur vorübergehende Unterkünfte. Er verkörpert so recht radikal eine moderne, „mobile Lebensform"[20]. Die Bekanntschaft mit der Ich-Erzählerin

---

19 Judith Hermann: *Die Liebe zu Ari Oskarsson*. In: dies., Nichts als Gespenster, S. 289.

20 Rehfeldt, S. 259.

löst allerdings eine Veränderung bei ihm aus. Während der ersten drei Wochen zusammen wächst zwar die wechselseitige Vertrautheit durch gemeinsames Musikhören im Auto, aber diese Beziehung bleibt so auch in Bewegung, bleibt labil und flüchtig, setzt und festigt sich nicht. Gleichwohl verlässt Stein den Lebenskreis der Ich-Erzählerin selbst dann nicht, als sie ihn nach drei Wochen vor die Tür setzt, sondern sucht und findet in ihrer Clique Unterschlupf; offenbar um so zumindest in ihrer Nähe zu bleiben. Obwohl man ihn wie einen Fremdkörper behandelt, lässt sich Stein nicht abschrecken und übernimmt in der von ihm im Grunde wenig geliebten Gruppe klaglos die Rolle eines Domestiken (Dienstboten): Er renoviert die Wohnungen der Cliquenmitglieder (143,16) und räumt nach einer Gartenparty auf (144,3 f.). Möglicherweise äußert sich in diesen Tätigkeiten auch sein Anderssein gegenüber der Clique. Er ist weniger der schöngeistig Intellektuelle als der pragmatische Praktiker, vielleicht auch – das bleibt ungeklärt – aufgrund eines Standes- und Klassenunterschieds.

Stein tut dies offenbar letztlich alles aus Liebe zur Erzählerin, um ihr nahe zu sein. Wochenlang sucht er, von den anderen spöttisch belächelt, im märkischen Umfeld Berlins nach einem Haus (139,12), um dieser Liebe eine gemeinsame Heimat zu schaffen. Es gelingt ihm erst nach zwei Jahren, in dem halb verfallenen Gutshaus in Canitz im Oderbruch dieses Haus zu finden, das er dann für 80.000 Mark kauft. Es bleibt unklar, woher Stein das Geld hat, ob es ererbtes oder erarbeitetes Eigenkapital ist oder geliehenes Geld von der Bank, obwohl er als Freiberufler ohne festen Wohnsitz kaum kreditwürdig sein dürfte. Er ist jedenfalls so stolz und euphorisiert, dass er die Erzählerin sofort zu einer Besichtigungsfahrt einlädt, wobei er an die Signale der erlebten Gemeinsamkeit anknüpfen kann und sogar erreicht, dass die Erzählerin ihm kurz über die Wange fährt (145,23). Doch sein überbordender Enthusiasmus, der ihn

Neuer Wunsch nach Sesshaftigkeit

Entdecker- und Besitzerstolz

mehrfach gegen gesellschaftlich fixierte Regeln, hier des Straßenverkehrs, verstoßen lässt (144,25; 145,4), erreicht die Erzählerin zwar, ergreift sie aber nicht. Gelegentlich verhält er sich sogar so, dass er sie abstößt. Dann wirkt er für die Erzählerin in seinem Verhalten zu den einfachen Menschen zu „jovial" (146,9), in seinen Fragen oder Körperbewegungen „obszön" (140,7; 146,19), in seiner Ausdrucksweise „unverschämt" vulgär (150,15) und in seinen Handlungen zu grob (150,24). Stein ist enttäuscht, versucht ihre vielleicht mangelnde Vorstellungskraft durch das Malen blumiger Zukunftsbilder zu wecken und entwirft wütend und in trotziger Verzweiflung einen Lebensraum, der auch die Mitglieder der Clique einschließt (150,17–23). Er ist selbst zu diesen Zugeständnissen bereit, um die Erzählerin nicht zu verlieren und für sich zu gewinnen. Als die Erzählerin sich aber nur ausweichend äußert und sogar vorgibt, seine Intentionen nicht zu verstehen, zieht er sein immobiliengestütztes Angebot eines gemeinsamen Lebens auf ein subjektives Minimum zurück und überantwortet sein Schicksal ganz ihrer Entscheidung (152,8–14).

Sind Taten überzeugender als Worte?

Es gelingt Stein nicht, seine Gefühle und Absichten eindeutig zu formulieren und in eine Entscheidungsfrage münden zu lassen. In seiner Begeisterung für das Projekt „Haus", das aus seiner Sicht die Zukunft bedeuten kann, vertauscht er die Prioritäten, konzentriert sich ganz auf das Haus, verfällt in Selbstgespräche (150,2) und vergisst dabei die Erzählerin so sehr, dass sie sich fühlt, als sei sie „nicht mehr vorhanden" (150,5). Stein glaubt, dass Taten, Verhältnisse und Zustände überzeugender seien als Worte. Er will die Erzählerin weder nötigen noch drängen und zieht sich sofort entschuldigend zurück, als sie seiner Liebkosung ausweicht (151,2 ff.). Er will ihr, die die Freiheit gewohnt ist, auch die Freiheit der Entscheidung zubilligen. Selbst als ihre Reaktion auf das Haus völlig indifferent ausfällt und er feststellen muss, dass sein Überraschungscoup sei-

„Wie ein in lange vergangener Zeit gestrandetes, stolzes Schiff"
© Bergringfoto/fotolia.com

ne positive Wirkung verfehlt hat, gibt er seinen Plan nicht auf, sondern verfolgt ihn mit der Restaurierung des Gutshauses konsequent weiter (153,26 f.); die Erzählerin hält er mittels fast täglicher Postkarten über seine Fortschritte auf dem Laufenden. Aber auch auf diesen Karten redet er keinen Klartext, sondern versteckt sich hinter kryptischen Rätseln (155,10 ff.). Die Emotionen der Erzählerin spricht Stein nur mit dem wiederholt gewählten Kartenmotiv der canitzschen Kirche an sowie mit dem oft eingefügten Nebensatz „wenn du kommst", der ebenso hoffnungsvoll wie fälschlich ihre zustimmende Entscheidung unterstellt.

Selbstzerstörung und -befreiung

Es spricht jedoch für Steins Willens-, Entscheidungs- und Handlungskompetenz, dass er nicht ewig auf die Erzählerin wartet, sondern eines Tages dem Schwebezustand ein Ende setzt, seinen Traum selbst zerstört und sich so von der Erzählerin befreit. So bleibt Stein die einzige Figur der Erzählung, die nicht in lethargischer Entwicklungslosigkeit verharrt, sondern zur Veränderung fähig ist und sich die Fähigkeit zur Utopie bewahrt.[21]

Die Clique

Mindestens sieben Personen

Die Clique besteht aus mindestens sieben Personen, drei Männern und vier Frauen. Aber es ist auch noch von anderen die Rede (142,14), die in der Handlung nicht erwähnt werden. Die **Gruppe der Männer** besteht aus

→ dem Schriftsteller **Heinze** (142,19), dem mit 30 Jahren (154,24) vermutlich Ältesten, der in Lunow offenbar ein Ferienhaus mit Garten besitzt (144,1),
→ aus dem Künstler **Falk** (142,18) und
→ aus **Toddi**, der nicht nur in Drogen- und Alkoholexzessen (143,21), sondern auch im Eis versackt (154,1).

Die **Frauengruppe** setzt sich neben der Erzählerin zusammen aus

→ der Musiksolistin **Anne** (142,19; 154,25),
→ der Schauspielerin **Christiane** (154,24) und
→ aus **Henriette**, der wohl neben der Erzählerin Jüngsten, da diese auf sie eifersüchtig ist (153,19 f.).

Alle Figuren der Clique werden nur mit ihrem Vornamen genannt, soweit Heinze und Toddi ebenfalls als Vornamen oder Spitznamen gelten dürfen. Die Altersspanne der Clique ist zwischen zwanzig (Erzählerin) und dreißig Jahren (Heinze) anzunehmen. Weitere Fakten über die Clique sind dem Text nicht zu entnehmen.

Jeunesse dorée

Was die Clique eint, sind die benachbarten Wohnverhältnisse, vermutlich in der Alternativszene zu Ende der 1990er Jahre in

---

21 Vgl. Stuhr, S. 44.

Berlin-Kreuzberg anzusiedeln, die gemeinsamen Unternehmungen, zumeist Ausflüge „in die schäbigen, schiefen, kleinen Landhäuschen, die sie bald alle hatten" (142,22 ff.), in den Wald oder aufs Eis (153,15), und der gleiche Lebensstil. Man feiert viel, am ehesten noch die eigene Unabhängigkeit, trinkt, nimmt Drogen und hat promiskuitiv Sex miteinander. Man hört viel Musik, diskutiert über Kunst und Kultur und versteht sich als zeitgenössische Jeunesse dorée.

Libertinöser Lebensstil

Dieser zu Ende des 18. Jahrhunderts in Frankreich entstandene Begriff, der eine reiche, leichtlebige und genusssüchtige Jugend der Großstädte bezeichnete, lebte in den 1950er Jahren wieder auf, um eine Generation zu kennzeichnen, die mit Nichtstun (dolce far niente) und freizügiger Sexualität ein sinnentleertes, vergnügungsorientiertes Leben führte.[22] Seine Fortsetzung erfuhr dieser libertinöse Lebensstil in den 1960er Jahren in den USA in den unpolitischen subkulturellen Cliquen der sogenannten Hippie-Bewegung, die dem Drogenkonsum und der freien Liebe frönten.[23]

Fehlende Authentizität

Dieser Lebensstil ist der Clique aus Filmen wie *Easy Rider* bekannt. Sie kopiert sogar die Gangart seiner Figuren (143,11 f.). Es mangelt den Clique-Mitgliedern deshalb nicht nur an Originalität, sondern auch an Konsequenz und Überzeugung. Sie behandeln den Roman *American Psycho* des US-Autors Bret Easton Ellis über einen zynischen, allein auf Äußerlichkeiten und Modemarken fixierten Serienkiller wie ihre Bibel (153,16), speisen ihre Identität aus verqueren Ideologemen der Vergangenheit und laden sie im Retro-Stil bei diversen Rock-Bands auf. Aber sie sind keine Aussteiger, die sich von der Welt der Bürgerlichkeit losgesagt haben, sondern

---

22 Vgl. den französischen Film *Die sich selbst betrügen* (*Les Tricheurs*), 1958, Regie: Marcel Carné, mit Jean-Paul Belmondo und Pierre Brice.

23 Vgl. den amerikanischen Film *Easy Rider*, 1969, Regie: Dennis Hopper, mit Peter Fonda, Dennis Hopper und Jack Nicholson.

sie sind in das bürgerliche Kultur- und Kunstsystem durch ihre Premieren, Lesungen, Konzerten und Diskussionen über die Vorgänge an der Berliner Volksbühne bestens integriert. Deshalb können sie auch den offenbar eher wenig an Kultur und Kunst interessierten Stein nicht überzeugen. Selbst die Erzählerin lässt in gelegentlichen Bemerkungen erkennen, dass sie die Personen der Clique und deren Verhalten auch kritisch zu sehen vermag (154,12). Ihre Identität ist nachgeahmt, ihr Verhalten nicht authentisch, sondern so, als ob sie „auf einer Bühne agierten" (143,25). Sie haben kein Heimweh nach einer selbstgestalteten Zukunft, sondern setzen die Hoffnungen ihrer Gegenwart auf eine reanimierte Vergangenheit wie schlaffe egoistische Epigonen.

Narzissmus

Abseits von Zwängen und Regelungen haben sich die jungen Leute, zumeist gebildete Künstler, somit einen eigenen Boheme-Bezirk geschaffen. In Selbstbespiegelung und Narzissmus sind sie jedoch unfähig, sich auf ihre Außenwelt einzulassen. Fern jeglicher Politisierung und politischer Systeme meinen sie, in innovativer Selbststilisierung einen Traum von Freiheit, Weltoffenheit und Liberalität zu leben, und merken nicht, wie dieses Missverständnis von Freiheit zu verpassten Chancen, Selbstverlorenheit, Beziehungsverlust und Beliebigkeit führt. Der so von ihnen mitgestaltete „Mythos Kreuzberg" wirft auch ein bezeichnendes Licht auf die beziehungskalte Lebenssituation im Fin de Siècle des 20. Jahrhunderts und in der postmodernen Gesellschaft.

Frau Andersson und ihr Kind

Wendeopfer

Frau Andersson ist schon allein wegen ihres skandinavisch klingenden Namens auffällig anders als die übrigen Figuren der Erzählung. Sie hat mit ihrer Tochter in dem verfallenen Gutshaus in der ostdeutschen Provinz gewohnt, bis ihr vor einem Jahr im Zuge der Immobilienrückführung nach der Wende der neue Besitzer aus Dortmund,

FIGURENKONSTELLATION VON *SOMMERHAUS, SPÄTER*

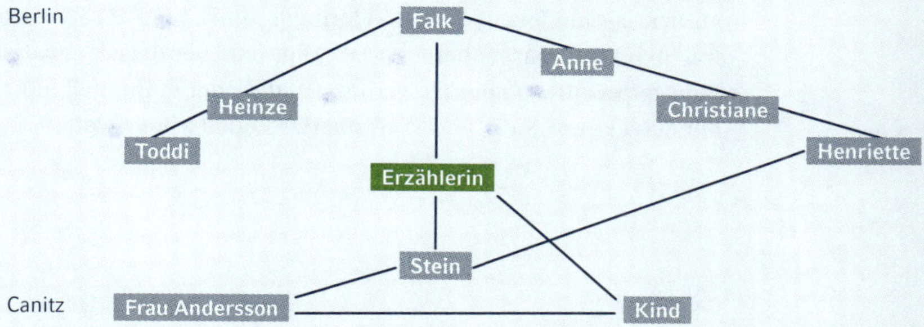

also aus Westdeutschland, gekündigt hat und sie in einen Flachbau der 1960er Jahre vor die Tore Angermündes umziehen musste. Sie repräsentiert mit ihrer blassen, kümmerlichen Tochter (146,8) die einfache Landbevölkerung der ehemaligen DDR, die als Opfer der Wende nun ins neue gesamtdeutsche Prekariat abgleitet und ihrem Namen gemäß (andreios = mutig, tapfer) mutig ihr neues Schicksal auf sich nehmen muss. Aus der Sicht der westdeutschen Hauptstädter sind beide so anders- und eigenartig, dass die Erzählerin sie sogar für „ekelhaft" hält (147,5). Dieser Eindruck steigert sich noch in ihrer Tochter, obwohl die sich nahezu umgekehrt verhält wie ihre Mutter. Während Frau Andersson Stein gegenüber eine abweisende Haltung einnimmt und bei der Übergabe der Schlüssel sogar den Handkontakt vermeidet, sucht die Tochter in ihrer kindlichen Neugier eher seine Nähe, ohne ihm jedoch wirklich näherkommen zu wollen. Sie begleitet Stein und seine Restaurierungsarbeiten vielmehr wie ein Schatten aus der Distanz und nimmt in negativer Form das Verhalten ein, das Stein sich in positiver Form von der Erzählerin gewünscht hätte: eine dauerhafte, interessierte

Begleitung seiner Bemühungen. Ihre Figur deutet zugleich an, dass auch in Zukunft diese Kindergeneration der untergegangenen DDR an den sie umgebenden Veränderungen nur „blöd" (152,26) betrachtend und passiv beteiligt ist. Man darf bei dieser negativen Figurenzeichnung aber nie vergessen, dass deren Darstellung aus der subjektiven Sicht und Wertung der Erzählerin erfolgt.

3.5 Sachliche und sprachliche Erläuterungen

140	Trans-AM	1990 gegründete amerikanische Synthie-Rock-Band
141	Frankfurte Allee	vom Alexanderplatz ausgehende radiale Ausfallstraße Berlins, verlängert die Karl-Marx-Allee um fast 4 km nach Osten in Richtung Frankfurt/Oder
	Massive Attack	politisch-kritische britische Trop-Hop-Band mit langsam groovendem Beat
	Stalin-Bauten	zur Zeit des sowjetischen Diktators Josef Stalin (1878–1953) aufwändig gebaute große, repräsentative Wohnpaläste in hellen Farben mit durch steinerne Gravuren geschmückten Eingängen und schönen Loggien
142	Ween	von Country, Folk und Rock 'n Roll geprägte amerikanische Rockband
	David Bowie	einer der einflussreichsten britischen Musiker (1947–2016), hielt sich von 1976–1978 zum Entzug von harten Drogen in Berlin („Welthauptstadt des Heroins") auf
	Bach	Johann Sebastian Bach (1685–1750), bedeutendster Barockkomponist
	Tae-kwon-do	auf Schnelligkeit und Dynamik ausgelegte koreanische Kampfsportart
	Fassbinder	Rainer Werner Fassbinder (1945–1982), bisexueller deutscher Regisseur und Filmemacher, einer der wichtigsten Vertreter des Neuen Deutschen Films
	Roter Salon	eigenständiger Bereich der Volksbühne Berlin, wo Lesungen, Konzerte, Diskussionen und Partys stattfinden
143	Easy-Rider	amerikanischer Spielfilm von 1969, in dem sich in Alkohol und Drogenexzessen auslebende Hippie-Biker die Beschränktheit und Intoleranz des amerikanischen Südens erfahren müssen
	Plaste und Elaste	Werbeslogan des DDR-Chemieunternehmens Buna-Werke Schkopau, die polymere Kunststoffe herstellten

	Castorf	Frank Castorf (geb. 1951), Ost-Berliner Regisseur und von 1992 bis 2016 Intendant der Volksbühne Berlin
	Heiner Müller	(1929–1995), einer der wichtigsten deutschsprachigen Dramatiker des ausgehenden 20. Jahrhunderts und einer der bedeutendsten Autoren der ehemaligen DDR
	Wawerzinek	Peter Wawerzinek (geb. 1954), deutscher Schriftsteller, war in Berlin-Prenzlauer-Berg auch als Performance-Künstler bekannt
	Volksbühne	heute am Rosa-Luxemburg-Platz befindliches Theater, das 1890 vom Verein „Freie Volksbühne" gegründet wurde.
	LSD	sehr starke, chemisch hergestellte Halluzinogendroge, war in den 1980 Jahren als Partydroge in der Technoszene beliebt
	neurasthenisch	nervenschwach, psychisch gestört; Neurasthenie war zu Ende des 19.und Beginn des 20. Jahrhunderts eine Modekrankheit der gehobenen Schichten.
144	Lunow	ehemalige Gemeinde in Brandenburg, heute Lunow-Stolzenhagen am nordöstlichen Rand des Landkreises Barnim
	Speed	Szenenbezeichnung für Amphetamin, eine rezeptpflichtige synthetische chemische Substanz mit stark stimulierender und aufputschender Wirkung
	Prenzlau	Stadt in der nordbrandenburgischen Uckermark
145	80.000 Mark	in heutiger Währung etwa 41.000 Euro
	Callas	Maria Callas (1923–1977), griechisch-amerikanische Opernsängerin, eine der berühmtesten Sopranistinnen des 20. Jahrhunderts
	Donizettiarie	Arie aus einer der Opern Gaetano Donizettis (1797–1848); z. B. *L'elisier d'amore* (*Der Liebestrank*) oder *Lucia di Lammermoor*
146	Angermünde	Kleinstadt in der brandenburgischen Uckermark, 80 km nordöstlich von Berlin

	Come on baby,…	mehrfach gecoverter Song von Shirley Goodman aus dem Jahre 1956; der Refrain lautet: Come on baby, let the good times roll, Come on baby let me thrill your soul, Come on baby, let the good times roll, Roll all the night. Weitere Textzeilen: This is something I just can't miss Feel so good When you 're home
147	Eigentümer aus Dortmund	1990 erließ die Volkskammer der DDR ein Gesetz zur Regelung offener Vermögensfragen, nach dem diejenigen Immobilien an ihre ehemaligen Eigentümer rückübertragen wurden, die unrechtmäßig enteignet oder in das Volksvermögen der DDR integriert worden waren.
	Canitz	Name eines zu Riesa gehörenden Dorfes mit einem Schloss aus dem 18. Jh., das 1948 abgerissen wurde; der Name wird hier zur Bezeichnung eines fiktiven Ortes an der Oder benutzt.
	Templin	Stadt in der nordbrandenburgischen Uckermark
	Schönwalde	Es gibt mehrere Orte dieses Namens. Gemeint sein könnte: ein Ortsteil von Wandlitz im brandenburgischen Landkreis Barnim, von Schönwalde-Glien im brandenburgischen Havelland oder die Gemeinde im brandenburgischen Landkreis Dahme-Spreewald.
148	empathisch	einfühlsam, mitfühlend
150	Geh zu ihr,…	Lied der Ostberliner Rockband Puhdys aus dem Jahr 1973, der durch den Film *Paul und Paula* bekannt wurde
	No risk, no fun.	Slogan in Abwandlung des englischen Sprichworts: No risk, no gain.
153	Paolo Conte	Italienischer Liedermacher, Sänger und Komponist (geb. 1937); seine Musik ist eine Mischung aus Chanson, Jazz und Tango.

	Ecstasy	Sammelbegriff für verschiedene ähnliche Mischungen illegaler halluzinogener Substanzen
	Bret Easton Ellis	Verfasser des 1991 erschienenen Romans *American Psycho*, der vorübergehend als jugendgefährdend verboten war: Der 26-jährige Wallstreet-Yuppie und Psychopath Patrick Bateman kompensiert die permanente Leere seines Lebens mit Sex, Orgien, Drogen, Gewalt und Mord.
154	Griebnitzsee	schmaler, 3 km langer See zwischen Berlin-Wannsee und Potsdam-Babelsberg
156	Stralsund	mecklenburg-vorpommerische Hansestadt an der Ostsee

3.6 Stil und Sprache

ZUSAMMENFASSUNG

- → Die Ich-Erzählerin zeichnet sich durch ihre scheinbare Objektivität aus, ein Mittel, um ihre emotionale Beteiligung zu leugnen.
- → Der Raum des Textes besteht aus einem zweigeteilten geografischen Raum (Berlin und Uckermark) sowie einem symbolischen Raum (Moloch Stadt vs. Idylle Land).
- → Die erzählte Zeit umfasst zweieinhalb Jahre, im engeren Sinn die Zeit von Anfang Dezember bis Mai des folgenden Jahres.
- → Der Text verzichtet weitgehend auf Beschreibungen und Reflexionen.
- → Der Text fällt durch seine emotionsarme, lakonisch-einfache Sprache auf. Es dominieren Hauptsätze; Bilder oder Vergleiche fehlen weitgehend. Der schmucklos-lapidare Stil erzeugt eine distanzierte, unterkühlte Erzählweise.
- → Der Text enthält acht Symbole: fünf Dingsymbole (Haus, Schiff, Efeu, Schnee, Schlüssel), ein Namenssymbol (Stein), ein Zahlensymbol (dreiundzwanzig) und ein Farbsymbol (Blau).
- → Der Text enthält neben drei kleinen Motivketten (Musik, Drogen, Eigenschaften) zwei große Motivblöcke: den Block der Raummotive und den Block der Kommunikationsmotive.
- → Kennzeichnend für Hermanns Figuren, v. a. die Erzählerin, ist ein Aufschiebeverhalten (Prokrastination); ihr Verhältnis zum Thema Liebe ist generationstypisch problematisch.

Die Ich-Erzählerin

Ich-Erzählerin

Die Geschichte *Sommerhaus, später* wird aus der subjektiven Ich-Perspektive erzählt. Wer erzählt, wer also dieses Ich ist, ob ein Mann oder eine Frau, bleibt ebenso unklar wie Alter, Aussehen, Herkunft, Bildung und Beruf der Erzählfigur. Allein aus der Unterstellung einer heterosexuellen Beziehung zu Stein und Falk ergibt sich die nicht zwingend notwendige, aber offenbar von der Autorin intendierte Folgerung einer Ich-Erzählerin. Sie selbst bezeichnet sie so.[24] Trotz der subjektiven Perspektive verzichtet die Erzählerin darauf, ihren Gedanken und Gefühlen in der Darstellung freien Lauf zu lassen, und erzählt so erstaunlich distanziert, zurückhaltend in den Wertungen und um Sachlichkeit bemüht, dass man als Leser verführt ist, die subjektive Darstellung für objektiv zu halten. Selbst zur Bezeichnung ihrer beendeten Beziehung zu Stein wagt die Ich-Erzählerin kein eigenes Urteil, sondern zieht sich auf die Benennung durch die Clique zurück („Die Beziehung zu Stein, wie die anderen das nannten, …“, 140,19). Doch ist diese Scheinobjektivität nur ein kalkuliertes Mittel, den Wahrheitsanspruch der eigenen Darstellung abzusichern und die emotionale Beteiligung an der Beziehung zu Stein in der Selbstwahrnehmung herunterzuspielen, wenn nicht gar zu verdrängen und zu leugnen. So gesteht die Erzählerin den Lesern auch nur indirekt ihre Eifersuchtsgefühle, wenn sie sieht, dass Stein Henriette küsst, und sie den Blick verletzt abwendet (153,29). Sie betont vielmehr ihren Unmut und sogar ihre Wut darüber, von Stein für die Besichtigungsfahrt des gekauften Hauses ausgewählt worden zu sein, als begreife sie nicht, dass Stein dieses Haus nur für sie erworben hat (144,12–17; 151,7–10). Doch diese Begriffsstutzigkeit erscheint nur wie ein Spiel aus Koketterie, so wie sie Stein geradezu mit der Frage nervt, warum er das Haus gekauft habe.

Scheinbare Objektivität

Gespielte Verständnislosigkeit

---

24 Vgl. Hermanns Gespräch mit Matthias Prangel.

Ihre Fragen – „Stein, kannst du mir was sagen, bitte? Kannst du mir vielleicht irgendetwas erklären?“ (152,5 f.); „Hab ich das richtig verstanden? Stein? Was soll das?“ (152,16 f.) – können doch nur das Ziel haben, Stein zu einem offenen und eindeutigen Liebesgeständnis zu bewegen, wie sie auch später beharrlich darauf wartet, dass Stein ihr gegenüber das erlösende „Komm“ ausspricht (155,14). Letztlich enttarnt sich die Maskerade der Erzählerin durch ihre Erzählung selbst: Denn warum und in welcher Absicht sollte gerade sie den Lesern diese Geschichte erzählen, wenn nicht aus dem Grunde, sich zumindest in ihrem Ego geschmeichelt zu fühlen, dass in der Gleichgültigkeit der sie ansonsten umgebenden Welt jemand da ist (besser: war), der sie mit seiner Liebe und durch sein Handeln bestätigt und ihr verkümmertes Selbstwertgefühl nährt. Dieser Situation durch Abwarten und Nichthandeln jedoch Dauer verleihen zu können, ist ein von ihr noch nicht bemerkter existenzieller Irrtum.

Nur Nahrung fürs Ego?

Die vor allem durch den konstatierenden Stil erzeugte scheinbare Objektivität des Erzählens erweist sich in Wahrheit als eine Form des stark subjektiv gefilterten, selektierten und profilierten Erzählens. Die Erzählerin hebt nämlich einerseits die Wirklichkeitselemente detailliert hervor, die ihr wichtig zu sein scheinen, wie z. B. die Namen der Bands und Künstler, deren Musik man konsumiert, oder die Art und Weise, wie man sich von den Einheimischen in den Schrebergärten abgrenzt. Dagegen bleibt sie andererseits Aussagen zur genauen Örtlichkeit des Geschehens in Berlin, zur Wohn- und Lebenssituation der Clique wie alle charakterisierenden Angaben zu den Figuren schuldig. Die so entstehenden Informationslücken können vom Leser bei weitem nicht immer geschlossen werden, so dass letztlich ein – an objektiven Maßstäben gemessen – recht vages Bild der Wirklichkeit gezeichnet wird. Dieses vage Bild wird zudem dem Motto des Sammelbandes entsprechend

Nur vages Bild der erzählten Wirklichkeit

„blue“, also melancholisch eingefärbt. Die sich aus Absichtslosigkeit (140,8; 143,4), Lustlosigkeit (140,14; 142,10) und Müdigkeit (145,9; 151,6 f.) zusammensetzende Grundstimmung der Erzählerin verleiht der Erzählatmosphäre eine leicht leidende Gleichgültigkeit. Die Erzählerin stellt etwas gequält nur fest, lässt sich nur selten beschwingen oder gar begeistern (147,13 f.) und verharrt zumeist auf einem Temperamentsniveau der gekränkten oder beleidigten Ablehnung. Kennzeichen dieser Grundstimmung ist die von ihr bevorzugte Pauschaldiskriminierung durch das recht unspezifische Urteil „blöd“, das vor fast niemandem Halt macht: Die Clique guckt blöd auf mückenumschwärmte Bäume (143,17), Autofahrer glotzen sie blöd an (144,11), das Kind der Frau Andersson ist blöd (152,26), und auch die eifersüchtig beobachtete Henriette stellt blöd unauffällig Fragen (154,26). Das Urteil „blöd“ durchläuft dabei all seine Bedeutungsmöglichkeiten von „geistlos“, „unangenehm“, „geistig behindert“ und „dumm“. Dabei fällt es in seiner ursprünglichsten Bedeutung, nämlich „Schwäche, Scheu, Schüchternheit“, zugleich auf die Erzählerin zurück. Denn sie ist es, die „sich nicht entblöden“ kann, d. h. der es nicht gelingt, ihre Schwäche abzulegen und sich zu irgendeiner Entscheidung durchzuringen. Der mitschwingende Erzählton der Melancholie ist somit der latente Grundton einer nihilistischen Passivität und eines verhaltenen Lebensekels.

Alles „blöd“

Das Raum-Zeit-System

Berlin und Uckermark

Der Raum, in dem die Handlung spielt, stellt sich zunächst als **geografischer Raum** dar. Es werden zwei Topografien angesprochen: der Raum Berlin und der Raum Uckermark. Der Raum Berlin bleibt hinsichtlich des Lebensraums der Clique, einschließlich Erzählerin und Stein, unkonkret. Aus Gründen der Stadtentwicklung nach dem Mauerfall lässt sich allenfalls vermuten, dass dieser Lebensraum in oder um Berlin-Kreuzberg liegt. Konkret genannt werden die Frankfurter Allee in der östlichen Mitte und der Griebnitzsee im Südwesten der Stadt. Der zweite Raum, die Uckermark im nordöstlichen Teil der Mark Brandenburg, enthält den Standort des von Stein erworbenen Gutshauses im fiktiven Canitz am östlich Stadtrand von Angermünde und unweit des Oderbruchs. Weitere genannte Orte der Mark sind Lunow, wo Heinze ein Ferienhaus besitzt, sowie die Orte Templin und Schönwalde.

Symbolischer Raum

Diese beiden Räume stehen nicht nur in dem Gegensatz Stadt vs. Land zueinander, sondern schaffen zugleich auch einen symbolischen Raum. Dabei verkörpert Berlin als reiche Metropole den von allen modernen Trends erfassten urbanen Lebensraum („Riesentier", 141,23), während die Uckermark demgegenüber für das Provinzielle, Hinterwäldlerische und Ärmliche steht. Dieser Gegensatz äußert sich auch in der Einstellung ihrer jeweiligen Repräsentanten. Während die Landbevölkerung sich gegen die Invasion der Städter mit dem Slogan „Berliner raus" wehrt (142,24), verhalten sich die Großstädter so großkotzig und arrogant wie **Konquistadoren auf Eroberungszügen** (143,5–14). Damit setzt Judith Hermann die emotional und metaphorisch aufgeladene Geschichte der Darstellung des Stadt-Land-Gegensatzes fort.

Gegensatz von Stadt und Land

Spätestens seit **Jean-Jacques Rousseau** (1712–1778) in seinen Schriften das Landleben wegen seiner Ruhe und Natürlichkeit als bestmöglichen Lebensraum darstellte, der den Menschen erst gestatte, sich seiner Natur gemäß zu entfalten, eiferte vor allem die gehobene Bürgerschicht seiner Auffassung nach. Das geschah umso bereitwilliger, als man hoffte, damit den Lebensgewohnheiten des Adels, die sich gern in ihre Land-, Lust- und Jagdschlösser zurückzogen, möglichst nahekommen zu können. Mit der zunehmenden Industrialisierung, der arbeitsbedingten Landflucht und der wachsenden Proletarisierung in den urbanen Wirtschafts- und Ballungsräumen, wurde die Stadt schnell als diabolischer Moloch

Moloch Stadt, Idylle Land?

verteufelt, dem man, soweit man es sich leisten konnte, aufs Land zu entfliehen suchte. Diese Einstellung wurde auch von der Literatur unterstützt. Man denke nur an die verzerrten Gräuelbilder, die der Expressionismus von der Stadt zeichnete, und den anheimelnden Schilderungen Theodor Fontanes (1819–1889) von der herben Lieblichkeit der Mark Brandenburg.[25] Doch dass das dörfliche Leben heute keineswegs eine Idylle des besseren Lebens ist, betont nicht nur Werner Bätzing, wenn er feststellt: „Das Dorf ist nicht die Idylle und als Ort der Idylle die räumliche Lokalisation des guten Lebens!“[26] Ein Boulevardblatt wies erst unlängst unter dem Titel „Die bittere Wahrheit über das Leben auf dem Lande“ auf den dort anzutreffenden Mangel an Ärzten, Schulen, Supermärkten und schnellem Internet hin.[27]

Es wundert deshalb nicht, wenn die Jeunesse dorée des ausgehenden 20. Jahrhunderts ebenfalls nach Sommerhäusern auf dem Lande sucht, um der „Unwirtlichkeit unserer Städte“[28] zu entfliehen, und damit auch die DDR-Kultur der „Datsche“[29] fortsetzt, sofern man sich nicht nur mit einem Schrebergarten (143,4–7) bescheiden muss. Dieser erstrebte Fluchtraum ist aber zugleich der Lebensraum der von den historischen Ereignissen Benachteilig-

---

25 Claudia Gremler bemerkt dazu: „Effi und Instetten [die beiden Hauptfiguren in Fontanes berühmtesten Roman *Effi Briest*, R. G.] sind in dieser Hinsicht Vorläufer von Stein und seiner Freundin, die ebenso wie Fontanes Protagonisten auf das wahre Erlebnis warten, das nicht kommt“ (C. G.: *Diesseits und jenseits der Oder: Judith Hermanns literarische Auseinandersetzung mit Theodor Fontane in ‚Sommerhaus, später‘*. In: Neophilologus, Bd. 97/2013, Heft 3, S. 237).

26 Werner Bätzing: *Das Dorf als Ort guten Lebens. Zwischen Inszenierung und Verschwinden. Geographisch-humanökologisch-planerische Reflexionen zur Bedeutung des Dorfes in Vormoderne, Moderne und Postmoderne.* In: Hans-Peter Ecker (Hrsg.): Orte des guten Lebens. Entwürfe humaner Lebensräume. Jürgen Landwehr zum 65. Geburtstag. Würzburg: Königshausen & Neumann, 2007, S. 106.

27 BILD-Zeitung vom 28. 10. 2017, S. 1 f.

28 Titel eines 1965 erschienenen Buchs des Psychoanalytikers Alexander Mitscherlich (1908–1982), in dem er die Architektur der Großstädte und die Zerstörung ihrer gewachsenen Strukturen kritisiert.

29 Aus dem Russischen eingedeutschter Begriff zur Bezeichnung eines der Erholung dienenden Grundstücks mit einem Garten oder ein Wochenendhaus.

ten. Das marode Gutshaus signalisiert zudem, wie schwer es fallen muss, sich ausgerechnet hier heimisch fühlen zu wollen.

Erzählte Zeit

Die **Zeit der Handlung** reicht von Anfang Dezember (139,2) bis zum Mai des folgenden Jahres (155,15). Sie umfasst also vom überraschenden Anruf Steins bei der Erzählerin zu Beginn des Textes bis zu seinem Abschiedsbrief aus Stralsund am Ende insgesamt sechs Monate. In diese Handlung eingeschlossen ist die im Rückblick dargestellte, zwei Jahre (140,20) umfassenden Zeitspanne, seit die Erzählerin Stein zum ersten Mal begegnet ist, einschließlich ihrer dreiwöchigen Wohngemeinschaft. Damit umfasst die **erzählte Zeit** etwa zweieinhalb Jahre.

Zeitform

Es wird normal und durchgängig im Tempus des **epischen Präteritums** erzählt. Die Erzählerin verzichtet also darauf, durch die Benutzung des aktualisierenden Präsens bestimmte Situationen im Bewusstsein des Lesers hervorzuheben. Umgekehrt kann man das auch als an keiner Stelle zurückgenommene Distanzhaltung der Erzählerin zu dem von ihr Berichteten werten. Die beiden einzigen Präsensform resultieren deshalb auch aus der aktuellen Erzählsituation der Erzählerin: „Ich kann sagen – es war nicht meine Art“ (143,1 f.) und „Was für eine Musik wir auf der Rückfahrt gehört haben, weiß ich nicht mehr“ (153,11). Die hier verwendete Perfektform ist wie die des Folgesatzes „Ich habe Stein in den darauffolgenden Wochen auch nur selten gesehen“ auf denselben Grund zurückzuführen, wenn auch nicht zwingend.

Überwiegend zeitraffende Darstellung

Da die **Erzählzeit**, die mit der Zeitdauer identisch ist, die der Leser braucht, um die Erzählung zu lesen, deutlich kürzer ausfällt als die erzählte Zeitspanne von zweieinhalb Jahren – sie dürfte je nach Lesegeschwindigkeit zwischen zwanzig und dreißig Minuten betragen –, liegt der Erzählung, wie nicht anders zu erwarten, eine zeitraffenden Darstellung zu Grunde. Diese Raffungen fallen jedoch unterschiedlich aus und verteilen sich auch unterschiedlich auf den

Text. Sie sind beim Rückblick auf die zweijährige Vorgeschichte größer als in der Handlungsdarstellung und fallen am geringsten zu Beginn, zur Mitte und am Ende dieser Handlungsdarstellung aus. Hier, also bei der Wiedergabe des Telefonats mit Stein, der gemeinsamen Besichtigung des maroden Gutshauses und der Lektüre des Abschiedsbriefs, nähert sich die Geschichte einer **zeitdeckenden Erzählweise**. Ansonsten wird die Handlung zwar chronologisch, aber ebenso episodenhaft wiedergegeben wie der Rückblick auf die vergangenen letzten zwei Jahre.

Darbietungsformen des Erzählens

Nur wenige Beschreibungen

Deskriptionen kommen in der Erzählung selten vor und sind zudem sehr kurz gehalten. Die erste knappe Beschreibung bezieht sich auf die äußere Erscheinung Steins (141,7 f.). Sie erlaubt es allerdings nicht, sich diese Figur vorzustellen. Die zweite Deskription befasst sich mit der Art und Weise, wie die Clique auf dem Lande auftritt (143,11–14). Auch die Aussagen dazu sind knapp gehalten und beschränken sich auf besonders auffällige und charakteristische Indizien. Dem verfallenen Gutshaus sind zwei Deskriptionen gewidmet: Die erste (147,21 ff.) fasst im Telegrammstil die Umgebung des Hauses und Gesamtsituation in Canitz zusammen, die zweite, ausführlichere (148,13–21) beschreibt den äußeren optischen Eindruck, den die Erzählerin von dem Gebäude gewinnt. Die geringe Anzahl an Deskriptionen legt nahe, dass es der Erzählerin nicht darum geht, die Vorstellungskraft des Lesers zu lenken oder gar zu bestimmen. Die gemachten Andeutungen reichen aber aus, auf das jeweils Signifikante hinzuweisen.

Kaum Reflexionen

Die Perspektive einer Ich-Erzählung legt es nahe, dass auch **Reflexionen** in den Text eingewoben werden. Aber auch diese halten sich überraschenderweise sehr im Rahmen. In zwei Reflexionen (144,12–18; 151,6–10) geht die Erzählerin verärgert der Frage nach, warum Stein gerade sie ausgewählt hat, um ihr das neu erworbene Haus zu zeigen. Es scheint, als wolle sie mit dieser eher spontanen als wirklich reflektierten Überlegung das Maß der Distanz vergrößern, das sie vorgibt, zu den Ereignissen zu haben. Aber allein die Tatsache, dass sie genau diesen Eindruck erwecken will, verrät ihre heuchlerische oder zumindest selbsttrügerische Absicht.

Inszenierte Gegenwärtigkeit

Die Erzählerin verwendet bei der **Figurenrede** hauptsächlich die direkte Rede (78-mal); das verschafft der Erzählung Gegenwärtigkeit. Die indirekte Rede kommt nur 5-mal vor, 4-mal zur Kennzeichnung einer Rede während der Rückblende auf die Zeit vor zwei Jahren (140,25; 141,23; 142,8 f.; 142,12), und nur einmal im Verlauf des aktuellen Erzählberichts (154,26). Der innere Monolog wird 6-mal verwendet, einmal eingeleitet durch „ich wollte sagen" (140,13), 5-mal durch die Inquit-Formel „ich dachte".

In der **Zeichensetzung** verfährt die Autorin uneinheitlich und inkonsequent: Während sie einmal den Redeinhalt gar nicht in Anführungen setzt (140,13), verfährt sie 4-mal wie bei der wörtlichen Rede (144,8; 145,24; 148,8, 156,21), einmal aber setzt sie nur eine halbe Anführung (153,7 f.). Die Reflexion darüber, warum Stein ausgerechnet sie anspricht (144,14–17), lässt sich auch als erlebte Rede auffassen, die die Initialüberlegung darstellt, welche die Erzählung überhaupt motiviert und ihr Sinn verleiht.

Neben dem überwiegenden **Erzählbericht** sind noch zwei **Sonderformen** des Erzählens zu vermerken, die in der Gestalt eines Fremdzitats erscheinen: die erste Postkarte, die die Erzählerin von Stein erhält (155,4–8), und der ihr ebenfalls von Stein zugesandte Zeitungsartikel, der von dem abgebrannten Gutshaus berichtet (156,1–7).

Sprache

Lakonischer Ton

Die Erzählung ist in einer lakonisch einfachen Sprache geschrieben, in der semantisch wie syntaktisch weder auf Variationen noch auf Differenziertheit besondere Anstrengungen verwandt werden. **Semantisch** ist das vor allem an den Inquit-Formeln ablesbar. Hier beschränkt sich die Erzählerin fast ausschließlich auf das Verb „sagen" (56-mal). Nur selten werden andere Verben benutzt wie „fragen" (6-mal), „rufen" (4-mal), „denken" (4-mal), „schreien" (3-mal) und „antworten" (2-mal). So wie das Wort „sagen" werden auch Personalpronomina bevorzugt: „Ich" wird 145-mal verwendet, „er" 65-mal, „wir" 38-mal und „du" 26-mal. An dieser Verteilung wird die Egozentrik der Erzählerin ablesbar, die Stein lieber in den unpersönlichen „er"-Bereich einordnet als in das beziehungsnahe „du"-Areal. Dem sich unterkühlt darstellenden Figurenverhältnis entspricht das winterliche Wortfeld um die Begriffe „Schnee" (10-mal), „kalt" (7-mal) und „Eis" (6-mal). Ansonsten erscheint die Wortwahl in einer charakterlosen Unauffälligkeit und Alltäglichkeit, die nicht durch eine gehobene Ausdrucksweise poetisiert, sondern durch umgangssprachliche Wörter und Wortbildungen eher noch trivialisiert wird, wie die Verwendung von „saukalt" (140,13), ‚vögeln' (142,14) oder ‚Scheiße' (150,18) deutlich macht. Nur dreimal wagt die Erzählerin, eine Zwillingsformel zu verwenden: 144,10, 146,4 und 148,10.

Hauptsätze dominieren

Syntaktisch dominieren parataktisch angeordnete Hauptsätze; im gesamten Text kommen nur 79 Nebensätze vor. Allerdings spart die Erzählerin nicht bei der Verwendung von Stilmitteln. 25 Anaphern (140,2) und 23 Ellipsen (139,7) auf 18 Seiten erwecken den Eindruck von gezielter Nachdrücklichkeit und Verknappung. Der Eindruck der Raffung wird auch durch die 26-mal eingesetzte Aufzählung erreicht, die 12-mal aus drei Gliedern (139,9) und 4-mal sogar aus vier Gliedern (142,2–4) besteht. Zwölf Asyndeta (139,9) beschleunigen das Erzähltempo zu einem Faktenstau, neun Polysyndeta (140,24 ff.) verleihen ihm einen melodischen Rhythmus. Dies bewirken auch fünf Parallelismen (140,2 f.) und fünf Wiederholungen von Teilaussagen (142,1–4). Zur Verdichtung der Textaussagen greift die Erzählerin auch gern zu Mehrfachattributionen, die viermal doppelt (142,8), zweimal dreifach (142,23) und einmal sogar vierfach ausfallen (144,10 f.).

Wenig Bilder und Vergleiche

Pragmatisch unterstützt die Erzählerin das Verständnis des Textes durch erläuternde Bildlichkeit eher wenig. Nur sechs Vergleiche werden benutzt („wie ein ausgestorbenes Riesentier", 141,22 f.; „als ob wir auf einer Bühne agierten", 143,26; „wie eine Fliege", 148,3), von denen allein drei auf das Haus in Canitz fallen (148,9–15). Dafür macht sie häufiger von **Kontrasten** Gebrauch, die weniger sprachlich als im Verhalten der Figuren verankert sind. Bei der Erzählerin ist es der Gegensatz von Denken bzw. Wollen und Handeln, der auffällt. Gleich zu Beginn der Erzählung lässt sie sich von Stein zur Fahrt nach Canitz abholen, obwohl sie wegen der Kälte dazu eigentlich keine Lust hat (140,14). Dieser Verhaltenswiderspruch verweist auf das mangelnde Selbstbewusstsein der Erzählerin. Bei Stein erstaunt der Gegensatz von seiner mobilen Lebensweise vor zwei Jahren zu seinem Bestreben um eine Lebensstatik in dem Haus in Canitz. Hier äußert sich deutlich seine Sehnsucht nach einem Ruhe- und Fluchtpunkt in seinem Leben, nach einer Konstanz, nach den festen Bezugspunkten von Heim und Partnerin. Dass beide Protagonisten letztlich nicht zusammenkommen können, liegt an den grundsätzlich anderen Lebenseinstellungen, die nicht miteinander vereinbar sind: Hier der auf Sesshaftigkeit und Aufbau eines stabilen und belastbaren Lebenszentrums ausgerichtete Sinn Steins, dort die drogenverstärkte Flucht aus der Realität in einen diffusen, orientierungs- und verantwortungsfreien Raum subjektiver Lust. Hier die natürliche Vitalität: „ich habe was gepflanzt, das kannst

Mobilität vs. Wunsch nach Konstanz

Die Ruinen der Dorfkirche in Canitz
© Wikipedia – Radler59

du essen“ (155,6), dort die morbide Künstlichkeit: „Scheißessen und Dreck“ (150,21 f.). In einer späteren Erzählung Hermanns wird der Gegensatz zwischen den Protagonisten auch für diejenigen dieser Erzählung treffend formuliert: „Es war der bezeichnende Unterschied in unserer Wahrnehmung, in dem, woran wir glaubten oder bereit waren zu glauben.“[30] Das lässt sich auch auf die Kirche von Canitz beziehen, die von Stein geradezu als Inbegriff einer aufzubauenden Gemeinsamkeit in seinen Postkarten an die Erzählerin immer wieder Verwendung findet. Die reale Kirche im geografisch existierenden Dörfchen Canitz bei Riesa ist nämlich aufgrund eines Teilabrisses eine Ruine und eignet sich keinesfalls als Zukunfts-

30 Judith Hermann: *Wohin des Wegs*. In: dies., Nichts als Gespenster, S. 259.

symbol. Aus diesen Kontrasten erwächst die innere Spannung der ansonsten ereignisarmen Erzählung.

Restringierte Sprecherin

Zwei sprachliche Erscheinungen durchbrechen den ansonsten eher realistisch zu nennenden Sprachrahmen in einander gegensätzliche Richtungen: die Verwendung von dialektischer Sprachfärbung und die Verwendung englischsprachiger Zitate. Die **dialektgefärbte Sprache** wird von Frau Andersson verwendet (146,14 f.) und kennzeichnet sie als restringierte Sprecherin einer sozialen Unterschicht. Die fehlenden Artikel, die Kontaminationen („gibt's", „wollnse"), die Ellipse („anstelln") und die fehlende Auslautung („is") sind diesbezüglich eindeutige Zeichen. Aber diese naturalistische Färbung der Situation bleibt inkonsequent, denn es ist unglaubwürdig, dass diese Frau Andersson ausgerechnet das Verneinungswort „nicht" vollständig mit seinem Verschlusslaut ausspricht. Immerhin animiert Frau Andersson Stein, ihr in der von der Erzählerin verhassten jovialen Anpassung sprachlich entgegenzukommen, wenn er ihr mit einem „Macht nix" antwortet.

Realitätsdeiktika

Das **englischsprachige Zitat** eines Songtextes (146,19 f.) verweist hingegen in Richtung Popliteratur. Inhaltlich kommt das Zitat einer Aufforderung Steins an die Erzählerin gleich, die sich bietende Situation zur Gemeinsamkeit zu nutzen, formal zählt es zu den zahlreichen Realitätsdeiktika aus den Bereichen der Kultur, vor allem der Musik und der Modewelt, die ein leicht erkennbares Merkmal der Popliteratur darstellen.

Schmucklos-lapidarer Stil

Zusammenfassend kann man feststellen, dass der äußerlich schmucklos erscheinende, lapidare Stil des Textest eine distanzierte und unterkühlte Erzählatmosphäre schafft, die sich auch auf den Leser überträgt und auf ihn einwirkt. In ihrer nüchternen Unsentimentalität scheint sie die „Monotonie des alltäglichen Lebens"[31]

---

31 Dammers/Ostrop/Vortmann.

zu spiegeln. So wenig wie man dem Text jedoch „eine tänzerisch verspielte Sprache“[32] unterstellen kann, so wenig ist es haltbar, diesen Stil als „unterkomplexe Erzählhaltung, an der Grenze zur Anspruchslosigkeit“[33] abzuqualifizieren. Dass der Text vielmehr alles andere als kunstlos gestaltet ist, wie z. B. Ursula Kocher behauptet, die meint, in den Texten Hermanns sei weder inhaltlich noch formal auch nur irgendeine Art von Komplexität zu finden[34], wird erst recht deutlich, wenn man den Blick auf seine Symbolik und Motivik lenkt, die dem Text ebenfalls äußerst unauffällig und unspektakulär eingewoben sind. Dann wird erst recht fassbar, dass Hermanns Erzählkunst darin besteht, die Textoberfläche bis auf eine an Naivität grenzende Schlichtheit zu reduzieren.

Symbolik

Haus

Alle Dingsymbole beziehen sich auf die interpersonale Beziehung der beiden Protagonisten. Das Gutshaus in Canitz, im Text auch emphatisch als *das* Haus kursiv hervorgehoben, ist nicht nur das vom Verfall bedrohte Gebäude, sondern steht als **erstes Dingsymbol** der Erzählung unübersehbar gleichsam als Tertium comparationis für Stein und die Erzählerin. Der ruinöse Zustand des Hauses spiegelt den emotionalen Zustand der Erzählerin wider, ihre Unfähigkeit zu festen persönlichen Bindungen, auf die man bauen könnte, und die Unwirtlichkeit ihres Verhaltens, die so gar nichts Anheimelndes hat. Steins Begeisterung für dieses Gutshaus steht dagegen für seine Empfindungen für die Erzählerin, an der er weniger ihren Ist-Zustand schätzt, als die Möglichkeiten einer gemeinsamen Zukunft. Dieses Haus ist für ihn der Ort für diese Zukunft, ein großzügiges

---

32 Berr.
33 Böttiger.
34 Kocher, S. 63.

Nest, das er für sie errichten möchte. Und so lange dieses Haus noch nicht als Ort der Gemeinsamkeit zur Verfügung steht, wählt er auf seinen Postkarten, die er der Erzählerin schickt, stellvertretend die Kirche als Repräsentantin eines irdischen zukünftigen Himmels. Aber ebenso wie sich die Ich-Erzählerin gegen die von Stein entworfene Zukunft sperrt, übersieht Stein die Bedingungen der Gegenwart. Er will der Erzählerin das Gutshaus als eine Option ihres Lebens präsentieren, nimmt aber nicht wahr, dass er dessen (Re-)Konstruktion alleine bestimmt.

Die Erzählerin empfindet das Haus als ein „gestrandetes, stolzes Schiff" (148,15), das **zweite Dingsymbol** des Textes. Im Allgemeinen symbolisiert ein Schiff wie ein Weg die Möglichkeit der persönlichen Lebensgestaltung. Man schlägt einen Weg ein und verfolgt ihn auf ein selbstbestimmtes Ziel hin; ebenso steuert und lenkt man ein Schiff über die Meere der Zeiten und der Zufälle seinem Ziel zu. Da das Haus, das zu der Schiffsmetapher anregt, ein großes Haus ist, ist auch das Schiff ein großes Schiff. Darin drückt sich der Wunsch aus, sein Ziel nicht allein anzustreben, sondern als Teil einer Gemeinschaft, in der man eine bestimmte soziale Rolle einnimmt. Die Erzählerin will dieses Schiff auch nicht selbst steuern, sondern eher wie eine Passagierin mitgenommen werden. Damit begibt sie sich eigentlich der Freiheit und Unabhängigkeit, für die ein Schiff steht, und damit der Möglichkeit, etwas in ihrem Leben zu verändern und ihrer augenblicklichen Lebenssituation zu entfliehen. Die Erzählerin erkennt mit dem Gebrauch dieser Metapher einerseits die große Chance, die sich ihr bietet – sie nennt es ja auch ein stolzes Schiff – aber sie erkennt auch, dass es sich um ein „in lange vergangener Zeit gestrandetes" Schiff handelt. Die Freiheit und Unabhängigkeit ihrer Entscheidungen ist ihr also bereits seit langem abhanden gekommen. Sie weiß somit darum, dass sie nicht genug darauf vorbereitet ist, eine Veränderung ihres Lebens zu vollziehen, und dass

Schiff

diesbezügliche Pläne, ob von ihr oder von Stein entworfen, scheitern werden. Der Grund dieser Gewissheit des Scheiterns wird erst am Ende der Erzählung deutlich, und zwar in ihrem letzten Wort: „später". Der Grund ihres Scheiterns ist ihre pathologische Prokrastination (s. u.), ihre krankhafte Unfähigkeit, sich entscheiden zu können, und ihre Sucht, alles so weit auf später zu verschieben, bis es zu spät ist und keiner Entscheidung mehr bedarf. Der Kirche als **drittem Dingsymbol** gelingt mit den Periphrasen „Gotteshaus" und „Kirchenschiff" eine Verschmelzung der ersten beiden Symbole. Mit Kirche ist in diesem Text aber nicht ein religiös konnotierter Ort gemeint, sondern ein sozialer. So wie die Kirche vor allem in ländlichen Gegenden mit ihrem alles überragenden Turm das Zentrum einer Ansiedlung markiert, um das sich die Häuser ihrer Bewohner scharen, ist auch die Kirche als Motiv der von Stein an die Erzählerin versendeten Postkarten als Zeichen eines gemeinsamen geistigen Zentrums zu werten. Sie ist der Ort, der diejenigen vereint, die an dieselbe Sache glauben. Leider entspricht diese Gedankenverbindung nur den Träumen, Wunschvorstellungen und Hoffnungen Steins und bleibt fiktiv. Der Wirklichkeit kommt die Einstellung der Erzählerin näher. Für sie kann die Kirche nur Ortszeichen einer gewesenen Gemeinschaft sein, die längst zerfallen ist wie die Kirchenruinen in dem geografisch wirklichen Canitz.

Kirche

Der Efeu ist das **vierte Dingsymbol**, dessen drei Deutungsaussagen sich von seiner Blattform, seine Farbe und seinem Verhalten ableiten. Im alten Griechenland brachte man den Efeu mit dem Gott Dionysos in Verbindung; er repräsentierte Vergnügen und Lustbarkeit. In dieser Deutung kommt er den Absichten Steins entgegen. Da die Blattform des Efeus oft herzförmig ausfällt, liegt es nahe, ihn zum Ausdruck von Liebesgefühlen zu verwenden, weshalb man den Efeu seit der Zeit der alten Griechen gern einem Brautpaar zur Hochzeit überreicht oder in einen Hochzeitsstrauß einarbeitet.

Efeu

Sein Immergrün drückt zudem Zeitenthobenheit aus, was in Verbindung mit Liebesgefühlen leicht zum Ausdruck immerwährender Treue wird. Letztlich verstärkt auch das Verhalten des Efeus diese Deutung, da er sich an seinen Grund fest anklammert. Vor diesem Hintergrund ist es vielsagend, wenn die Erzählerin die Efeuranken vor der Veranda des Hauses „angewidert“ beiseiteschiebt (149,11) und Stein rät, ihn sogar ganz zu entfernen (151,22), Stein dagegen den Efeu erst dann beschneiden will, wenn sie tatsächlich zu ihm kommt (155,6 f.). Während Stein also an dem Symbol einer festen, treuen Liebesbeziehung festhält, weicht die Erzählerin der efeuhaften Umklammerung durch die Gefühle Steins aus und möchte von Liebe, Ehe und Treue nichts wissen. Es scheint, als sei für sie die Beziehung zu Stein, wie immer sie sich vor zwei Jahren auch in ihren Gefühlen niedergeschlagen haben mag, wirklich endgültig abgeschlossen und beendet.

Schnee

Das **fünfte Dingsymbol**, das die Beziehung der Erzählerin zu Stein erläutert, ist der Schnee. Der Schnee, in der Lyrik zuweilen als das Leichentuch der Natur bezeichnet, verweist im realen wie übertragenen Sinn auf eine klimatische Kälte. Die emotionale Kälte kann ihren Grund in der Unfähigkeit haben, Gefühle zu entwickeln, aber auch in der Angst vor Einsamkeit. Beides wäre auf die Erzählerin anwendbar. Schnee suggeriert wegen seiner Farbe und Fähigkeit, alles zu bedecken, sowohl Unberührtheit wie Unberührbarkeit, aber auch Leere. Er verdeutlicht das emotionale Vakuum, das sich zwischen der Erzählerin und Stein aufgebaut hat und alle Formen der Berührung schwierig macht, vielleicht auch, weil ihre Gefühle für Stein längst erkaltet sind. Schnee erscheint aber auch wie eine gereinigte Projektionsfläche für Neues, das zu einer Veränderung der alten Lebensverhältnisse ermutigt. Das ist die Perspektive Steins, der auch schon vor der Winterfahrt nach Canitz den Schneefall mit ausgelassenen Tänzen begrüßt (142,5–9).

Stein

Der Name Stein ist ja bereits selbst ein Symbol **(Namenssymbol)**, das auch deshalb betont wird, weil sein Träger die einzige Handlungsfigur der Erzählung ist, die nur mit ihrem Nachnamen genannt wird. Der Name verweist auf eine mineralische Härte. Er ist das Material, auf dem und mit dem man bauen kann.[35] Er ist Fundament und Garant für Stabilität und Dauer. Sein Name suggeriert demnach für eine partnerschaftliche Beziehung Verlässlichkeit und Treue. Stein erfüllt auch das Omen seines Namens durch sein Verhalten: Er verweilt selbst dann in der Nähe der Erzählerin, als diese ihn ihrer Wohnung verweist, indem er zu anderen Cliquenmitgliedern Beziehungen aufbaut. Er ist unaufdringlich, aber dauerhaft um die Erzählerin bemüht und wagt schließlich sogar, ihr ein renoviertes Haus zur gemeinsamen Heimstatt anzubieten. Stein wird somit zum Inbegriff eines potenziellen Lebens, wenn er das baufällige Gutshaus „Stein für Stein" für die Erzählerin restauriert. Aber sie ist nicht bereit dazu.

23 Schlüssel

Das verdeutlicht das Symbol der Schlüssel, das **sechste Dingsymbol**. So wie ein Schlüssel geeignet ist, Türen zu öffnen, sind die Schlüssel, die Stein der Erzählerin überantwortet, dazu geeignet, Steins Herz und ihr gemeinsames Leben zu erschließen. Da Stein ihr dieses Schlüsselbund nicht in die Hand gibt, sondern ihr in den Schoß wirft (147,7), entspricht dieser Vorgang nicht einer rationalen Schlüsselübergabe als Schenkung, sondern deutet eher auf den sinnlich-erotischen Hintergrund der von Stein gewünschten Beziehung hin. Es sind dreiundzwanzig Schlüssel, nicht vierundzwanzig **(Zahlsymbol)**. Das heißt, die Zahl 24, das mythologische Sinnbild der Vollständigkeit, wird nicht erreicht. Es wird deshalb nicht erreicht, weil ein Schlüssel, der wichtigste, fehlt, nämlich der, mit

---

35 Der religiöse Bezug zum Kephas-Felsen der Bibel, auf den Christus seine Kirche bauen will (Mt 16,18), liegt nahe, führt aber wegen des religionsfernen Kontextes nicht weiter.

SYMBOLIK

Dingsymbolik			Namenssymbolik	Stein
Haus	Schiff	Kirche	Zahlensymbolik	23
Schnee	Efeu	Schlüssel	Farbsymbolik	Blau

dem sich die Erzählerin die Zuneigung Steins erschlösse. So bleiben es dreiundzwanzig Schlüssel. Schon allein, weil die Zahl 23 eine Primzahl und damit kein Produkt aus zwei Faktoren ist, verweist sie darauf, dass das Schlüsselbund keine gemeinsame Zukunft für zwei Personen erschließen wird. Darüber hinaus gilt die 23 auch als Zahl des Unglücks und der Zerstörung, was als Vorausdeutung auf die Niederbrennung des Hauses durch Stein verstanden werden kann. Seltsamerweise gibt die Erzählerin die Schlüssel nie zurück, sondern macht sie sich zu eigen. Das lässt sich verstehen als ein Einverständnis mit den dadurch bezeichneten Bedeutungsinhalten. Vielleicht spielt die Autorin Judith Hermann, die ja einige Zeit in New York gearbeitet hat, auch auf eine Redewendung an, die in den 1920er Jahren in den USA sehr bekannt war: Die Aussage „23 Skidoo" bedeutete so viel wie „rasch abhauen" oder „abhauen, solange es noch gut geht".[36] Genau diese Einstellung charakterisiert die Erzählerin, die sich zurückzieht, bevor die Beziehung zu Stein wirklich ernst wird.

Blau

Das letzte Symbol, die Farbe Blau, wird ja bereits im Motto des Erzählbandes angesprochen. Die Farbe Blau steht somit nicht nur

---

36 Vgl. https://www.wikipedia.de/dreiundzwanzig. Inwieweit auch die gleichnamige Kurzgeschichte von William S. Burroughs aus dem Jahre 1967 oder die 1979 gegründete gleichnamige britische Band eine Rolle spielt, soll hier nicht weiter verfolgt werden. Bemerkenswert ist, dass die Zahl 23 später zu einer mystischen Zahl der Popkultur wurde.

für Kälte, Sehnsucht und das Unbewusste, für die Fähigkeit des Ausgleichs, um Hektik und Stress abzubauen, Regeneration und Erholung zu ermöglichen und Heiterkeit und Lachen zu fördern (154,17). Sondern sie verweist auch auf Trunkenheit und ist die Farbe der Melancholie. Es ist deshalb nicht verwunderlich, dass das Wort „Blau" vor allem für Toddi, den Säufer und Junkie, zum Leitwort wird. Die Farbe Blau kennzeichnet aber auch in der übertragenen Bedeutung des englischen Wortes „blue" die melancholische Gesamtatmosphäre, die in der Erzählung waltet. Wenn man Melancholie als einen diffusen emotionalen Schwebezustand begreift, der die von ihr betroffene Person durch ihre Unentschiedenheit zwischen Euphorie und Depression, zwischen Anteilnahme und Gleichgültigkeit, in eine lähmende Apathie versetzt, hat man in etwa das seelische Klima erfasst, das die Erzählerin beherrscht.

Motive

Kommunikationsmotive

Der Block der **Kommunikationsmotive** setzt sich aus folgenden sechs Motiven zusammen: Schweigen (14-mal), Rauchen (9-mal), Berührung (9mal), Verstehen (7-mal), Blick (6-mal) und Lachen (6-mal). Er kennzeichnet gleichzeitig das Verhalten der beiden Protagonisten zueinander. Häufig (14-mal) reagiert entweder die Erzählerin oder Stein auf eine Ansprache des oder der anderen mit **Schweigen** (139,3). Diese Form des Kommunikationsverzichts, der Kommunikationsunterbrechung oder der Kommunikationsverweigerung charakterisiert die Beziehung zwischen den beiden Figuren treffend, denn es wird mehr verschwiegen als zum Ausdruck gebracht. Vor allem die essenziellen Inhalte ihrer Beziehung bleiben unausgesprochen. Keiner von beiden formuliert, was er denkt und fühlt, gewährt also dem anderen nicht die Möglichkeit, in die eigene Persönlichkeit Einblick zu nehmen. Dieses Schweigen ist das Resultat einer Haltung, die vor Verletzungen, Missverständnissen und

Missbrauch schützen soll. Aber gerade durch diese Verschlossenheit wird eher gefördert, was man zu verhindern beabsichtigt. Die beiden Protagonisten spüren selbst, dass die mangelhafte verbale Kommunikation der Ergänzung bedarf; deshalb versuchen sie auf non-verbale Kommunikationsformen auszuweichen. Die gemeinsam gerauchte Zigarette wird so zu einem aktionellen Gleichrichter (139,17). Sie überbrückt die Peinlichkeit des Schweigens und füllt die Geschehnisleere mit einer symbolischen Parallelhandlung aus. Auch das gemeinsame Lachen schafft einen sprachlosen Raum der gleichen Seelenstimmung (142,8). Letztlich muss sogar ein einfacher Blick genügen und die Worte ersetzen, die man nicht finden kann oder nicht auszusprechen wagt (143,25). Bei diesen drei Verhaltensweisen bleibt die Distanz zwischen den Personen und damit die eigene Privatsphäre gewahrt. Bei der Berührung des anderen ist jedoch dieser Schutzraum aufgehoben. Umso mehr erschrecken beide, wenn die Situation sie zu solch einer Form der Nähe hinreißt, der doch das verbale Begründungsfundament fehlt (145,23). Man weicht zurück, als müsse man sich für eine soziale Entgleisung entschuldigen. Nur einmal findet eine von beiden Seiten akzeptierte Berührung statt, als die Erzählerin während der Besichtigung des verfallenen Gutshauses nach der Hand Steins greift: „Ich griff nach seiner Hand, plötzlich wollte ich seine Berührung nicht wieder verlieren (…)“ (149,13 f.). Aber diese Berührung ist keine Form der Annäherung. Vielmehr klammert sich die Erzählerin an Stein, aus Angst, in dem maroden Haus zu Schaden zu kommen, und zieht und schiebt Stein die Erzählerin mit einer Gewalt hinter und vor sich her, als könne er so ihre Einsicht in den Sinn einer gemeinsamen Zukunft befördern. Das Kommunikationsverhalten der beiden Protagonisten begründet und verdeutlicht das Dilemma in der Dialektik ihres wechselseitigen Verstehens (141,23; 147,13) und Nicht-Verstehens (139,5 f;. 147,5; 151,5). Und dieses Dilem-

Schutzfunktion

Berührung

ma des Verstehens ist zugleich das Dilemma ihrer gesamten Beziehung.

Ortsangaben

Der Block **Raummotive** setzt sich aus nur zwei Motiven zusammen, dem der Ortsangaben und dem der Raumöffnungen. Insgesamt zehnmal werden innerhalb der Erzählung Orte, seien es Ortschaften (146,1) oder auch nur Straßen (141,12), namentlich genannt. Alle diese Nennungen haben die Funktion von Realitätsdeiktika, also von Verweisen auf die geografische Wirklichkeit. Sie verorten die Handlung zum einen in Berlin (145,8) und zum anderen im östlichen Brandenburg nahe des Oderbruchs. Nur Canitz, der Ort vor den Toren Angermündes, wo das von Stein erworbene Gutshaus steht, ist ein fiktiver Ort. Namentlich existiert er zwar, aber nicht in dem von der Erzählerin beschriebenen Raum.

Raumöffnungen

Eine ganz andere Funktion haben die Motive der Raumöffnung. Damit sind die sechs Textstellen gemeint, in denen Öffnungen eines geschlossenen Raums angesprochen werden, also Türen und Fenster. Normalerweise gehen mit der Öffnung eines Raums auch psychische Öffnungen der sich in den Räumen befindlichen Figuren einher. Wenn man jemanden zu sich einlässt, gestattet man der eintretenden Person also in gewisser Weise auch immer, dass diese sich mit der öffnenden Person einlässt und umgekehrt (140,12). Raumöffnungen stehen also zumeist in einer Relation zu den Figurenbeziehungen. Die Erzählerin gewährt Stein zweimal Zugang zu sich: als sie ihn für drei Wochen bei sich aufnimmt und als sie ihn vor der Fahrt nach Canitz, als er Sturm läutet, einlässt. Merkwürdigerweise bleiben die Ereignisse, die sich während dieser drei Wochen innerhalb der Wohnung abgespielt haben, aus der Darstellung ausgeklammert. Zur Darstellung gelangen nur die außerhäuslichen Unternehmungen, also vor allem die Fahrten mit Steins Taxi durch Berlin. Wenn das, was sich innerhalb der Wohnung ereignet, für die Erzählerin und die Geschichte, die sie erzählt, unbedeutsam ist, so gewinnen im Umkehrschluss die Taxifahrten umso mehr an Bedeutung. Sie verweisen dann sowohl darauf, dass es eigentlich Stein ist, der die Erzählerin in seinem Auto „beheimatet“, als auch wegen der Hin- und Herfahrten auf der Frankfurter Allee (141,12) auf die Wechselfälligkeit ihrer Beziehung. Der Regelfall der Türöffnungsfunktion scheint in dieser Erzählung zudem dadurch ausgehebelt, dass die gegebenenfalls sogar nur mit einem Schlüssel zu öffnenden Türen des Gutshauses in Canitz bereits offenstehen (149,20 f.). Das darf deshalb nicht verwundern, weil Stein als neuer Eigentümer dieses Hauses der Erzählerin mehr als nur eine Tür für ein gemeinsames Leben geöffnet hat. Damit sie die „rosige“ Zukunft auch wahrnehmen kann, stößt er die Läden aller Fenster auf (149,17) und zeigt ihr von den Treppenstufen der Veranda, dem Gartenzugang des Hauses, den romantischen Sonnenuntergang. Allein, die Sonne ist schon untergegangen (151,19). Das erstrebte Sinnbild einer romantischen Gemeinsamkeit kippt und schlägt um in den Ausdruck eines hoffnungslosen Endes.

Musik, Drogen, Eigenschaften, Spiel

Drei **kleinere Motivketten** sollen nicht übersehen werden: Musik, Drogen, Eigenschaften, Spiel. Auf Musik wird 6-mal durch den Namen von Bands (Trans-AM: 140,24), eines Komponisten (Bach: 142,3), Sängers (142,3) oder einer Sängerin (145,18) und ein Textzitat (146,19 f.) hingewiesen. Die Bandbreite von Kirchenmusik, italienischer Oper bis zu modernen Musikströmungen wie Beat, Rock, Folk, Country und Trip-Hop spricht nicht für eine bestimmte musikalische Richtung, sondern kennzeichnet eine eklektizistische[37] Offenheit. Aber auch hier darf man nicht vergessen, dass diese Musik zumeist in Steins Auto abgespielt und gehört wird, also weitaus eher Stein charakterisiert als die Erzählerin. Ebenfalls zur Motivkette Musik ist das dreimal erwähnte Singen zu rechnen.

---

37 Eklektizismus: Rückgriff auf die Stilmittel verschiedener Künstler.

Diese Form der selbstproduzierten Musik ist als Ausdruck eines seelischen Wohlbefindens, einer inneren Gelöstheit und Unbeschwertheit zu werten. So singt die Erzählerin bei der fiktiven Zuordnung der dreiundzwanzig Schlüssel (147,9), was bei ihr auch gleich ein Verständnis für Steins Euphorie hervorruft, das Haus zu besichtigen. Stein seinerseits singt zwar nicht, dafür summt er „wie eine Fliege, die im Sommer gegen die geschlossenen Fenster stößt" (148,3 f.). Auch das ist bereits eine Vorausdeutung auf das Scheitern seines Vorhabens, mit dem Hauskauf die Erzählerin für sich gewinnen zu können. Zudem ist nicht einmal Sommer. Ein zweites Mal summt Stein, als er Hand in Hand mit der Erzählerin durch das Haus streift (149,15) und diese ihm folgt. Leider täuscht auch dieses partnerschaftliche Bild.

Drogen

Mehrmals (6-mal) wird in der Erzählung darauf hingewiesen, dass innerhalb der Clique Drogen (142,21) konsumiert werden. Es handelt sich dabei um natürliche Drogen wie Haschisch und Marihuana (143,12; 150,17 f.) bzw. Pilze (150,17), um Kokain (150,23) und um synthetische Drogen wie Speed (144,3), LSD (143,21) und Ecstasy (153,15). Da geraucht wird (144,3) und auch Alkohol offenbar in rauen Mengen konsumiert wird – Heinze ist bei Toddis Eiseinbruch völlig betrunken (154,4) – kann man zusammenfassen, dass die Clique vor keinem Rauschmittel Halt macht.

Eigenschaften

Zwei Eigenschaften werden von der Erzählerin wiederholt erwähnt: blöd (fünfmal) und müde (dreimal). Blödheit kann dabei entweder als Verhaltensunangemessenheit (154,26), Verstehensunfähigkeit (144,11), als geistige Abgestumpftheit (143,17) oder in stärkster Form als angeborener Schwachsinn (152,26) verstanden werden. Die vielseitige Verwendung dieser Vokabel kennzeichnet die allgemeine und grundsätzliche Ablehnungshaltung der Erzählerin anderen gegenüber. Sie ist ein Symptom ihres kritischen Rückzugs in den Kokon ihrer selbst. Diese Ablehnungshaltung kor-

STRUKTUR DER MOTIVE

Kommunikationsmotive			Raummotive	
Schweigen	Rauchen	Musik	Ortsangaben	
Berührung	Verstehen	Drogen	Raumöffnungen	
Blick	Lachen	Eigenschaften	Türen	Fenster
		Spiel		

respondiert mit ihrer Müdigkeit als Ausdruck einer melancholischen, wenn nicht gar depressiven Grundbefindlichkeit (151,6). Die Müdigkeit, die sie bei Autofahrten überfällt (145,9), verdeutlicht dabei ihr Desinteresse an der sie umgebenden Welt, ihren Verzicht, wenn nicht gar ihre Weigerung, sich auf Außenreize einzulassen.

Ungenannte Regeln

Das Motiv des **Spiels** wird zwar nirgendwo im Text direkt angesprochen, aber es kommt indirekt an zumindest zwei Stellen zum Tragen. Zum einen erinnert der Umgang, den die Erzählerin mit Stein pflegt, an ein Spiel. Da gibt es ungenannte, nicht angesprochene Verhaltensregeln, die von beiden Protagonisten ausgelöst werden können und dann von dem Partner auch angenommen werden. Man denke an die Art, miteinander Auto zu fahren, dabei je nach Straßenart eine andere Musik zu hören und eventuell sogar das Fahrverhalten an die Tonhöhe der Musik anzupassen (145,21 f.). Am Ende erinnert auch die Fernkommunikation der beiden Protagonisten an ein Spiel. Stein sendet der Erzählerin Postkarten mit einer identischen Druckseite, die die Kirche von Canitz darstellt, während der zum Teil rätselhafte Text auf der anderen Seite variiert (155,10 ff.). Die Erzählerin sammelt diese Karten, als sei eine ungenannte Anzahl vonnöten, um die Sammlung zu vervollständigen oder um eine bestimmte Handlung auszulösen. Steins Karten werden so zu einer Art unauflösbarer Patience.

Prokrastination

Aufschiebeverhalten

Der Begriff Prokrastination ist die wissenschaftliche Bezeichnung für ein krankhaftes Aufschiebeverhalten. Es leitet sich vom lateinischen Verb procrastinare = aufschieben ab und setzt sich aus den Teilwörtern pro = vor und cras = morgen zusammen. Damit wird eine Verhaltensweise bezeichnet, bei der man unliebsame Aufgaben auf einen späteren Zeitpunkt verschiebt und ggf. angenehmere vorzieht. Schon die Spruchweisheit „Was du heute kannst besorgen, das verschiebe nicht auf morgen!" rät von einer solchen Haltung ab. Ein solches Verhalten ist jedoch völlig normal, solange es sich um ein singuläres, seltenes oder gelegentliches Verhalten handelt. Es wird allerdings pathologisch, wenn es zu einem sich häufig wiederholenden Phänomen, einer dominanten Haltung, zu einem charakteristischen Wesenszug wird. Dann weist es auf eine psychische Störung hin, die mit Angst zu tun hat. Dabei ist es zunächst unerheblich, ob die Prokastination die Quelle, das Symptom oder die Folge einer Angststörung ist. Der Spruch „Morgen, morgen, nur nicht heute, sagen alle faulen Leute" verharmlost also das Problem zumeist.

Verräterisches „Später"

Spätestens ihr letztes Wort „später" macht die Erzählerin der Prokrastination verdächtig. Es ist ja nicht das erste Mal, dass sie sich vor einer Entscheidung drückt und sie auf ein Später verschiebt, das schnell ein Sankt Nimmerleinstag werden kann. Genau genommen ist die Erzählerin nur bei einer Entscheidung beobachtbar, nämlich der, Stein nach einem dreiwöchigen Aufenthalt vor die Tür gesetzt zu haben. Ob seine Aufnahme auch auf ihre Entscheidung zurückzuführen ist, bleibt unklar. Vielleicht war es auch mehr eine Entscheidung Steins, der sie sich nicht widersetzt hat. Die **Unfähigkeit, Nein zu sagen** kommt zumindest häufiger vor: So will sie gleich zu Beginn Stein sagen: „Stein, es ist saukalt draußen, ich habe keine Lust mit dir rauszufahren, verschwinde“ (140,13 f.), aber sie tut das Gegenteil. Die Euphorie Steins steckt sie an, als sie die dreiundzwanzig Schlüssel betrachtet, „ohne, dass ich das wirklich gewollt hätte“ (147,12 f.). Es ist, als missbillige sie ihre spontanen Gefühle, als wolle sie sie nicht zulassen, weil sie sich gegen ihren Willen eingestellt haben, weil sie sich nicht für diese Gefühle entschieden hat. Noch deutlicher wird diese Missbilligung und Unterdrückung ihrer Gefühle, wenn diese sich sogar zu Selbsthass steigern. Als in ihr der Wunsch aufkeimt, Stein möge sie noch einmal so ansehen, wie er sie in Heinzes Garten in Lunow angesehen hat, ist sie über sich selbst entsetzt: „ich hasste mich dafür“ (152,4). Sie ist erkennbar abgeneigt, das Haus in Canitz, das zusammenzufallen droht, zu betreten, stolpert aber trotz ihrer Bedenken auf die Veranda zu (149,8 f.). Die Efeuranken schiebt sie „angewidert“ (149,11) beiseite, folgt aber Stein, nachdem sie zu ihrem Schutz dessen Hand ergriffen hat. Letztlich projiziert sie die Wut über ihre eigene Entscheidungsunfähigkeit gar auf die Einzelmitglieder der Clique, weil sie sie nicht vor Stein geschützt haben (151,10). Statt irgendetwas zu entscheiden, wartet sie ab: „ich wartete auf irgend etwas, auf eine Berührung, auf eine Geste“ (153,5 f.), „ich beschloss auf das ‚Komm‘ zu warten, und dann loszufahren“ (155,14). Das Nicht-entscheiden-Können führt die Erzählerin so in eine zwangsähnliche Abhängigkeit und das Nicht-entscheiden-Wollen zum Selbsthass. Beide Formen des Nicht-Entscheidens und ihr Warten werden zu passiven Akten des Verschiebens. Wenn die Erzählerin am Ende ihre Akzeptanz von Steins Angebot von dessen Aufforderung, zu ihm kommen, abhängig macht, entlarvt sie nicht nur ihre eigene Unselbstständigkeit des Handelns, sondern

Unterdrückung ihrer Gefühle

bestätigt auch mit dieser **Eventualitäts-Mañana-Taktik**[38] ihre Prokrastination.

Auch Stein schiebt auf

Aber auch Stein verhält sich prokrastinativ. Er schiebt sein Liebesgeständnis an die Erzählerin auf und macht es von ihrer Entscheidung für ihn abhängig. Schon bei der Besichtigung des Hauses erwartet er von ihr ein eindeutiges Bekenntnis, dem er selbst ausweicht. Als es nicht, wie erhofft, spontan erfolgt, kommt er vermeintlich der Erzählerin mit dem ungeliebten Zugeständnis entgegen, auch, falls notwendig, die ganze Clique in seinem Haus aufzunehmen (150,16–23). Doch selbst diese Überwindung zeitigt keinen Erfolg. Sein Respekt gegenüber der Erzählerin lässt ihn in der abwartenden Haltung verharren, die sich mit dem auf jeder Postkarte wiederholten „*wenn du kommst*" (155,13) begnügt – bis er feststellen muss, dass sein Warten sinnlos ist und er das frisch restaurierte Haus abbrennt. Stein, das macht nicht nur diese Entscheidung deutlich, leidet nicht an einer krankhaften Prokrastination, sondern an einer Störung seines Werbeverhaltens.

Liebe

Ungenannte Liebe

Obwohl die Erzählung die Geschichte einer gescheiterten Liebe ist, kommt bezeichnenderweise das Wort „Liebe" nicht ein einziges Mal vor, weil diesem nahezu tabuisierten Thema sowohl von der Erzählerin als auch von Stein ausgewichen wird:

> „Tatsächlich gibt es keine einzige intakte Mann-Frau-Beziehung in dem Erzählband *Sommerhaus, später*, entweder wurden sie wie in der Titelgeschichte bereits in der Vergangenheit beendet oder sie gestalten sich völlig asymmetrisch und entbehren jeder herkömmlichen Charakteristika einer erwachsenen Mann-

---

38 Vgl. dazu William J. Knaus: *Do It Now!: Break the Procrastination Habit*. Wiley, 1997.

Frau-Beziehung, vor allem jeder Sexualität, wie in *Sonja*, oder sie kommen gleich gar nicht zustande, wie in *Hurrikan* (*Something farewell*). Eine Beziehung in *Sommerhaus, später* wird also ausschließlich im Konjunktiv gedacht, und zwar im Konjunktiv II, dem Irrealis.“[39]

Verräterische Eifersucht

Die Regungen von Zuneigung (145,23) und Einverständnis (154), die die Erzählerin zeigt, kann man wohl auch nicht Liebe nennen. Sie lässt höchstens eine Form von zustimmender Kameraderie, von einfühlsamer Freundschaft zu. Dass ihre Gefühle jedoch tiefer gründen, merkt man daran, dass sie sich gegen die Eifersucht nicht wehren kann, wenn Stein im Kreise der liberalen Clique Henriette küsst (153,18 f.). Es scheint, als habe sie Angst davor, durch eine feste Beziehung zu Stein die beziehungsoffene Clique verlassen zu müssen. Dieses Wagnis scheut sie und verkennt am Ende völlig („Später“, 156), den Zeitpunkt für eine gemeinsame Zukunft mit Stein durch eigene Versäumnisse unwiderruflich verpasst zu haben. Aber auch Stein verschweigt seine Gefühle und verbirgt sie hinter einer Kette von Handlungssignalen. Denn allein seine Liebe zur Erzählerin lässt ihn im Kreise der Clique verbleiben, dort die demütigende Rolle eines gering geschätzten Dienstboten übernehmen und letztlich auch das Haus kaufen und sanieren. Um sie nicht zu verlieren, ist er sogar bereit, dieses Haus, das Symbol ihrer Zusammengehörigkeit, mit den restlichen Mitgliedern der Clique zu teilen, obwohl er mit ihrer Lebenseinstellung nicht einverstanden ist (150,16–23). So überzeugend Stein seine Liebe durch Handlungen dokumentiert, so sehr versagt er im verbalen Geständnis. Bis auf eine Ausnahme (144,7) weichen sich beide sogar mit ihren Blicken aus, als schämten sie sich ihrer Zuneigung. So setzen letztlich beide

Verbales Versagen

---

39 Gösweiner, S. 144.

auf den Poker um das Wort „Kommen" („wenn du kommst" vs. „ich beschloss, auf das ‚Komm' zu warten", 155) und hoffen darauf, dass der andere die entscheidende Initiative ergreift. Diese Beziehung ist symmetrisch, insofern beide ihre wahren Gefühle verschweigen und verbergen, und zugleich asymmetrisch, weil Stein eindeutig mehr in die erhoffte Gemeinsamkeit investiert als die Erzählerin. Als er erkennt, dass von ihr der entscheidende Schritt nicht zu erwarten ist, zerstört er mit dem radikalen Akt der Brandstiftung das Haus, verbrennt damit alle Zukunftshoffnungen mit der Erzählerin und setzt sich durch diesen harten Schnitt in die Freiheit einer neuen Lebensorientierung.

Sprachkrise

Wenn man berücksichtigt, was die Autorin Judith Hermann zum Thema Liebe in dieser Erzählung sagt, erweitert sich die Deutung des Beziehungsproblems zwischen den beiden Protagonisten noch um eine sprachkritische Komponente. Dann öffnet sich nämlich das Kommunikationsproblem der Figuren zu einem Sprachproblem der Moderne. Hermann sagt:

> „Ich weiß nicht, ob man es verlernt hat, weil ich nicht weiß, ob man es je gekonnt hat und ob es je wirklich möglich war, über die Liebe zu sprechen, sie in Worte zu fassen und auszudrücken und ich weiß auch nicht, ob die Liebe zwischen zwei Menschen wirklich möglich ist und ob nicht eigentlich immer der eine ein Bild des anderen liebt und umgekehrt. Ich bin nicht sicher, ob die Liebe überhaupt funktioniert, und ich habe das Gefühl, dass die Worte immer weniger und immer weniger ausreichen, um zu benennen, was zwischen zwei Menschen geschehen kann. (...) Man kann heute nicht mehr sagen: Ich liebe dich. Für meine Generation ist das wenigstens so gut wie unmöglich. Es dauert furchtbar lange, bevor es innerlich überhaupt so weit kommt, und wenn es dann so weit ist, dass das schlichte Bedürfnis, diese

> drei Worte zu sagen, da ist, dann kommt man sich zum einen lächerlich vor, zum anderen hat man das Gefühl, man beendet einen Zustand, an dem man hängt. Es ist eine seltsame Sache."[40]

Und auf Stein bezogen setzt sie fort:

Hermanns Lieblingsfigur

> „Ich muss dazu sagen, dass Stein eine meiner Lieblingsfiguren ist. Dieser Moment, in dem er schildert, dass sie da vor einer Möglichkeit stehen, das ist ein Moment, in dem er nicht sagt, was er fühlt. Ich habe es schon so gedacht, dass er unterschwellig auf einer zweiten Ebene sagt: Nutze die Möglichkeit für dich und für mich. Es ist eigentlich eine Liebeserklärung, die er da auf eine sicherlich sehr umständliche und verquere Art und Weise macht. Aber ich hätte mir doch gewünscht, dass deutlich wird, dass es für ihn im Moment, in dem er das sagt, nur eine Möglichkeit gibt, dass die Icherzählerin nämlich mit ihm in diesem Haus bleibt. Er bietet ihr zwar zur Entscheidung an, dass man bleiben und gehen könne, machen könne was man will. Was er nicht sagt, aber wohl fühlt, ist, dass er diese eine Möglichkeit gern hätte, dass sie sich auch für diese Möglichkeit entscheiden würde. Doch er ist nicht in der Lage, das zu sagen."[41]

---

40 Prangel.
41 Ebd.

3.7 Interpretationsansätze

ZUSAMMEN-FASSUNG

Man kann den Text unter folgenden zehn Aspekten interpretieren:

→ dem **biografischen Ansatz**, der der Autorin die fiktionalisierte Überprüfung und Erprobung eigener und alternativer Lebensentwürfe unterstellt,
→ dem **ästhetischen Ansatz**, der die Kurzgeschichte als eine skeletthafte Erzählung des Verschweigens und Verbergens auffasst,
→ dem **textsortentheoretischen Ansatz,** der überprüft, inwieweit die Einordnung des Textes als Kurzgeschichte berechtigt ist,
→ dem **kommunikationstheoretischen Ansatz**, der die Beziehungsunmöglichkeit der beiden Protagonisten auf kommunikatives Fehlverhalten zurückführt,
→ dem **sozio-historischen Ansatz**, der den Text als Darstellung der Boheme-Atmosphäre der Nachwendezeit in Berlin-Kreuzberg versteht,
→ dem **Gender-Ansatz**, der das Verhältnis der Geschlechter zueinander beleuchtet, das sich von den traditionellen Rollenbildern zu lösen versucht,
→ dem **psychologischen Ansatz**, der den Text liest als Psychogramm einer Identitätskrise,
→ dem **philosophischen Ansatz**, der hinter dieser Identitätskrise eine Krise in der Entwicklung des Individuums erkennt,
→ dem **rezeptionsästhetischen Ansatz,** der die Erzählung als anspruchsvollen generationsstiftenden Text wertet.

→ dem **rezeptionssoziologischen Ansatz**, der erwägt, welche Lebenseinstellung die Erzählung dem Rezipienten nahelegt.

Biografischer Aspekt

Der **biografische Aspekt** unterstellt, dass die Erzählung zwar keine Schlüsselerzählung ist, deren Handlung und Figuren sich exakt auf tatsächliche Ereignisse und wirkliche Personen beziehen, dass sie aber doch stark autobiografisch geprägt ist. Das leugnet die Autorin auch gar nicht: „Das war ein Buch, das ich ganz aus der Intuition und nur für mich selbst geschrieben habe. (…) Der Begriff des romantischen Schreibens bezieht sich also nur auf das Schreiben des ersten Buches, das ja auch ein deutlich biografisches ist.“[42]. Man darf davon ausgehen, dass

→ auf die Handlung bezogen
- der Autorin der geografische Raum, in dem die Handlung der Erzählung spielt, bekannt ist. Schließlich wohnt sie seit 1992 selbst in Berlin-Prenzlau.
- die Autorin die Atmosphäre von Schrebergärten schon von Kindesbeinen an kennt[43],
- der Autorin die Lebensverhältnisse in einer solchen Clique, wie sie in der Erzählung zur Darstellung kommt, vertraut sind. Letztlich hat sie selbst, gerade etwas mehr als zwanzigjährig, in einer mehrköpfigen Gruppe nicht wesentlich Älterer gelebt. Und sie sagt selbst: „Ich habe über mich geschrieben und über ein paar Menschen um mich herum.“[44]

---

42 Ebd.

43 „Meine Liebe zu den Schrebergärten habe ich nie verloren“. Judith Hermann: *Spazieren.Gehen.* In: http://www.literaturport.de/literatouren/berlin/literatour/judith-hermann-spazierengehen/ (Stand: Oktober 2017).

44 Wolfgang Höbel: *Das gute, beschissene Leben.* In: DER SPIEGEL 50/1998, S. 249.

→ auf die Figuren bezogen
  - die Verhaltensweisen der Erzählerin denen der Autorin nahe sind. Auch sie neigt eingestandenermaßen zur Zurückhaltung, zur Passivität, zur Prokrastination, zur Menschenscheu und zur Unterdrückung der Gefühle:

    „Ich selber bin jemand, dem Veränderungen sehr schwerfallen. Ich bin auf eine sicher pathologische Weise an feste Verhältnisse gebunden. (...) der Satz ‚Veränderung ist kein Verrat' ist ein Satz, den ich mir selber sagen möchte, den ich selber einsehen will."[45]

    „Ich habe oft das grundsätzliche Bedürfnis, passiv zu bleiben."[46]

    „Die Figuren sind immer ein bisschen so, wie ich mir wünschte sein zu können."[47]

→ auf den Schreibstil bezogen
  - die Autorin deshalb gezielt auf musikalische Phänomene zurückgreifen kann, weil sie selbst als Managerin einer Popgruppe tätig war.

Der biografische Aspekt hilft zwar nicht unmittelbar zur Interpretation der Erzählung, trägt aber zu ihrem Verständnis bei und erlaubt es zuweilen, Interviewaussagen der Autorin auf ihren Text zu beziehen. Die Erzählung kann dann verstanden werden als ein Versuch,

---

45 Zitiert nach: Bovenschen.
46 Zitiert nach: West.
47 Zitiert nach: Prangel.

eigene und fremde Einstellungen und Verhaltensweisen zu überprüfen und andere in der Fiktion erprobend durchzuspielen.

Ästhetischer Aspekt

Der **ästhetische Aspekt** rückt vor allem Aufbau, Sprache und Stil der Erzählung in den Fokus. Der lapidare Darstellungsstil und der nüchterne sprachliche Ausdruck scheinen einen ästhetischen Minimalismus zu bevorzugen. Es fällt auf, dass der Text fast nur aus der nüchternen Darstellung von Geschehnissen besteht und psychologische Begründungen von Entscheidungen fehlen. Das liegt an dem, was die Erzählerin dem Leser verschweigt. Sie nimmt nicht nur nicht Stellung zur geschichtlichen oder politischen Situation der Handlung sowie zu wirtschaftlichen oder existenziellen Problemen, sie verschweigt auch den Hintergrund ihrer Figuren, nennt keine Hausnamen (Ausnahme: Stein), deutet Berufe nur indirekt an, geht kaum darauf ein, womit sie ihren Lebensunterhalt verdienen und lässt selbst das Geschlecht der Erzählerin im Unklaren. Die Figuren gerinnen so mehr zu Typen als zu differenziert gezeichneten Charakteren. Dieser Reduktion der Geschichte auf ein Handlungsskelett, bei dem selbst wichtige Ereignisse (Niederbrennen des Hauses) oder Aussagen (Liebesgeständnis Steins) nur indirekt zur Darstellung gelangen, entspricht die Lakonie von Sprache und Stil. Vornehmlich parataktisch gebildete Sätze, gern als Satzreihen womöglich noch asyndetisch aneinandergedrängt und anaphorisch eingeleitet sowie eine schmucklose, bildarme Ausdrucksweise formen einen **Stil der Verknappung**, der Emotionen peinlich vermeidet und das Fehlen von Nähe verstärkt. Allerdings greift die Reduzierung auf die Lakonie für die ästhetische Valenz der Erzählung zu kurz, wie die vielschichtige Durchsetzung des Textes mit Symbolen und Motiven zeigt. Es ist vielmehr das Spannungsverhältnis von oberflächlicher Schlichtheit und tiefenstruktureller Komplexität, das den ästhetischen Wert der Erzählung ausmacht.

Textsorten-theoretischer Aspekt

Der **textsortentheoretische Aspekt** deutet den Text vorrangig als Kurzgeschichte. Es ist aber auch möglich, in ihm durchaus hinreichend viele Elemente der Novelle zu erkennen. Offenbar sind beide Einordnungen möglich. Für den Text als **Kurzgeschichte** spricht vor allem sein unmittelbarer Einstieg und sein offener Schluss, die geringe Anzahl an kaum charakterisierten Figuren, die Überschaubarkeit der erzählten Zeit, die pointenhafte überraschende Wende der Handlung am Ende durch den Zeitungsausschnitt und das Leitmotiv des von Stein gefundenen, restaurierten und schließlich niedergebrannten Hauses. Andererseits ist die Geschichte mit 18 Seiten nicht unbedingt kurz, erzählt nicht konsequent chronologisch, sondern benötigt einen breiteren Rückblick, bedient sich einer Gruppe von Figuren, deren Alltäglichkeit zumindest bezweifelt werden kann, und eines Systems von Orts-Deiktika, die es gestatten, den Handlungsraum recht genau zu verorten. Auch ist sie eher nicht, wie Manfred Durzak beschreibt, ein „außerordentlich feiner Seismograf geschichtlicher und sozialer Vorgänge“[48].

Damit nähert sich der Text der Bestimmung als **Novelle**. Es wird durchaus eine unerhörte Begebenheit erzählt, denn dass jemand ein marodes Haus nach monatelanger Restaurierungsarbeit wieder niederbrennt, ist keineswegs alltäglich und verweist auf die Krise der beiden beteiligten Figuren. Damit ist das Haus auch Leitmotiv des Textes. Der im Mittelpunkt stehende Konflikt einer sich nicht erfüllenden Liebe wird durch die Entschlusslosigkeit der Erzählerin selbst ausgelöst. Auch formal erfüllt der Text die Beschreibungsmerkmale der Novelle. Er besitzt eine Tektonik, die sich am Aufbau eines Dramas orientiert, verweist mit seinen Wirklichkeitsbezügen auf einen konkret bestimmbaren Realitätsausschnitt und stellt mit

---

48 Manfred Durzak: *Die deutsche Kurzgeschichte der Gegenwart. Autorenportraits, Werkstattgespräche, Interpretationen*. Würzburg: Königshausen & Neumann, 3. erw. Aufl. 2002, S. 309.

der Besichtigung des Hauses in Canitz ein Ereignis in den Mittelpunkt der Handlung. Die Wendepunkte sind zwar etwas schwächer ausgebildet, aber gleichwohl vorhanden. So folgt die Erzählerin für sie selbst überraschend der Einladung Steins zur Hausbesichtigung, schweigt sich aber zu dessen Zukunftsentwurf aus und lässt sich trotz verspürter Gemeinsamkeit auf keine weitere Nähe ein. Auch hier beleuchtet die Zerstörung des Hauses und das Scheitern der Liebe die Angst und psychische Unbeweglichkeit der Erzählerin, die einer Determiniertheit gleichkommt. Insgesamt ist also festzustellen, dass der Text in jener Grauzone angesiedelt ist, die Kurzgeschichte und Novelle sich teilen. Die Reduktionen des Textes in den Bereichen Handlung, Figurenzeichnung und Erzählstil werden beiden Zuordnungen gerecht.

Kommunikationstheoretischer Aspekt

Unter einem **kommunikationstheoretischen Ansatz** gerät vor allem die sprachliche Beziehungsunfähigkeit der Protagonisten in den Blickpunkt. Die Autorin Judith Hermann bemerkt zu dem allgemein unterstellten Wunsch zu kommunizieren:

> „Ich möchte nur mal mit jemandem reden, es ist auch das, was uns in dieser Welt, in der wir leben, unentwegt vorgegaukelt wird, du musst jemanden haben, mit dem du reden kannst, rede mit jemandem, rede nur mal mit jemandem, sprich dich aus. Es scheint so einfach zu sein. Aber eigentlich ist es schwer, es ist das allerschwerste.“[49]

Alle Formen der Kommunikation sind auf ein Verstehen hin orientiert. Auch wenn es unterschiedliche Weisen der Verständigung gibt, des Handelns, des Verhaltens, der Gestik und Mimik, zen-

---

49 Zitiert nach: Bovenschen.

traler Weg der Kommunikation ist und bleibt die Sprache. In dem Maße, in dem man aber auf eine sprachliche Darstellung des eigenen Denkens, Fühlens und Wollens verzichtet, wie es die beiden Protagonisten der Erzählung tun, schafft man Bedingungen für die Möglichkeit des Missverstehens. Umso mehr dann, wenn das Unausgesprochene das eigentlich Wichtige für das Entstehen, den Bestand und die Entwicklung einer Beziehung ausmacht. Beide, Stein wie die Erzählerin, leiden an kommunikativem Unvermögen. Sie sind nicht imstande, ihren Gefühlen Ausdruck zu verleihen. Sei es aus Scham, sich dem anderen zu öffnen und so angreifbar zu machen, sei es aus Scheu, den anderen durch Worte ungewollt zu verletzen, schlussendlich wirkt sich ihre **Unfähigkeit zur Verbalisierung von Emotionen** tragisch aus. Stein verpasst es, der Erzählerin seine Liebe zu gestehen und ihr seine Zukunftspläne anzuvertrauen. Sie gesteht sich selbst ihre Gefühle für Stein nicht ein und versteckt ihre Eifersucht, indem sie Stein aus dem Weg geht. Es ist eine fatale Selbsttäuschung, wenn die Einsame meint, ihr Bewusstsein spiegele die Wahrheit. Die Geschichte zeigt, dass Schweigen nicht Gold ist, wie das Sprichwort sagt, sondern die Mutter von Miss- und Unverständnis und unüberwindliche Gräben schafft.

So entsteht eine tragische Liebessituation, die weniger die Ich-Erzählerin als Stein betrifft. Er tut alles, um sich ihr als Lebenspartner anzubieten, aber er versagt, ihr diese Absichten auch zweifelsfrei zu kommunizieren, ihr seine Liebe zu gestehen, ihr seine Pläne eines gemeinsamen Lebens zu entwerfen. Er will sie nicht drängen, sie zu keiner Entscheidung zwingen, auf ihre Einwilligung warten. Aber dann macht ihre Entschlusslosigkeit sein Liebesleid unerträglich und er ihm mit der Inbrandsetzung des Hauses ein jähes Ende. Für die Ich-Erzählerin liegt keine kommunikative Tragik vor, denn sie leidet in ihrer Gleichgültigkeit, Sprach- und Entscheidungslosigkeit nahezu weniger als der Leser am Scheitern dieser Beziehung. Mit ihrer Lebenshaltung eines Vielleicht glaubt sie irrigerweise immer noch daran, auch später noch über alle unausgesprochenen Optionen verfügen zu können. Sie begreift die eigentliche Tragik ihres passiven Verhaltens gar nicht.

Soziohistorischer Aspekt

Unter dem **sozio-historischen Aspekt** gerät die Erzählung zu einer sekundären Geschichtsquelle, insofern sie die Boheme-Atmosphäre der Nachwendezeit in Berlin-Kreuzberg schildert. Die politischen Verhältnisse der Zeitsituation werden allerdings weitgehend ausgeklammert. Nur sehr indirekt wird über das alte Gutshaus darauf hingewiesen, dass nach der Auflösung der ehemaligen DDR die Gegenwart an den maroden Hinterlassenschaften des alten Preußens anzuknüpfen versucht. In der sozialistischen Gesellschaftsordnung der DDR wurden keine Herrenhäuser errichtet, sodass das von Stein erworbene Haus wesentlich älter sein muss und vermutlich im 19. Jahrhundert unter königlich-, wenn nicht kaiserlich-preußischer Herrschaft erbaut worden sein mag. Da die DDR-Behörden solche Gebäude aus ideologischen Gründen meist nur nutzten, ohne in ihren Unterhalt zu investieren, ist auch sein desolater Zustand nachvollziehbar. Die Kritik an dem schlechten baulichen und infrastrukturellen Zustand vieler Ortschaften in den neuen Bundesländern wird von der Erzählerin ja auch auf die brandenburgischen Orte Lunow, Templin und Schönwalde erweitert (147,20 f.). Direkt angesprochen wird lediglich das Verfahren zur Wiederherstellung der alten Besitzverhältnisse (147,3). Mit verhaltener Kritik wird darauf hingewiesen, welche Konsequenzen es für die einfache, unbemittelte ostdeutsche Landbevölkerung nach sich zog, hier vertreten durch Frau Andersson und ihr Kind. Für diese Menschen hat die junge Generation des Westens kein Verständnis und übergeht sie gleichsam wie einen ekelerregenden sozialen Bodensatz. Mit ihrem großkotzig-arroganten Verhalten gebärden sie sich wie Eroberer gegenüber denjenigen, denen ihre Elterngeneration noch als „Brüder und Schwestern im Osten" Geschenkpakete zukommen ließ. Sie selbst haben sich vollgesogen mit den Inhalten und Attributen einer vor allem aus Amerika inspirierten egoistischen Subkultur, die ihnen im Verbund mit kulturellem Feinsinn (143,18) das elitäre Gefühl progressiver Innovation verleiht, die in Wahrheit jedoch höchstens als plattes Retro-Revival gewertet werden kann.

Hier wird eine Zustandsbeschreibung und beispielhafte Darstellung des Lebensgefühls einer sich verlierenden Generation im Alter zwischen zwanzig und dreißig Jahren rund um den Prenzlauer Berg geschildert. Die jungen Leute, zumeist akademisch gebildete Künstler, schaffen sich in einer städtischen Nische abseits aller Zwänge und Regelungen einen eigenen **Bohème-Bezirk**. Fern jeglicher Politisierung und politischen Systeme meinen sie in innovativer Selbststilisierung einen Traum von Freiheit, Weltoffenheit und Liberalität zu leben und merken nicht, wie dieses Missverständnis von Freiheit zu verpassten Chancen, Selbstverlorenheit, Beziehungsverlust und Beliebigkeit führt. Der so gestaltete „Mythos Kreuzberg" kann auch als paradigmatisch für die beziehungskalte Lebenssituation des Fin de Siècle des 20. Jahrhunderts und der postmodernen Gesellschaft verstanden werden. Judith Hermann selbst sagt:

> „Ich hatte nicht das Gefühl, explizit über die Zeit nach der Wende oder das Lebensgefühl nach der Wende schreiben zu wollen. Ich habe es mir wohl eher größer gedacht, auf ein ganz allgemeines von Ort und Zeit unabhängiges Lebensgefühl von Menschen hin."[50]

---

50 Zitiert nach: Prangel.

Interessant ist in diesem Zusammenhang auch der **Genderaspekt** der Erzählung. So sehr die Clique als Vertreter der jungen Generation mit den Traditionen sowohl der ehemaligen DDR wie der Bundesrepublik zu brechen scheint, so sehr halten ihre Mitglieder offenbar doch an den alten Geschlechterrollen fest. Allein in der libertären Promiskuität und im Drogenkonsum scheint Gleichberechtigung zu herrschen, sodass sich der Eindruck ergibt, als wolle man versuchen, die tradierten Geschlechtergrenzen zu überwinden.[51] Aber ansonsten ist doch immer noch eine Dominanz der Männer festzustellen. Heinze und Falk sind es, die in der Clique weitgehend den Ton angeben und in Toddi ihr trotteliges Gegengewicht finden, die Frauen, Anna, Christiane, Henriette und vor allem die Erzählerin, erscheinen dagegen lediglich wie weibliches Füllmaterial der Gruppe.

Genderaspekt

Das entspricht ganz der „sexistischen Aura von Rockmusik“[52]:

> „Die mit Männlichkeit oder als ‚männlich‘ konnotierten musikalischen Ausdrucksformen des Rock wurden mit Eigenschaften beschrieben wie: aggressiv, hart, verzerrt, rhythmisch dominant, explizit sexuell, physische Präsenz, arrogant. Insbesondere Lautstärke repräsentierte Überlegenheit, Sicherheit, Potenz und Kraft.“[53]“

---

51 Das meint auch Claudia Gremler: *Diesseits und jenseits der Oder: Judith Hermanns literarische Auseinandersetzung mit Theodor Fontane in Sommerhaus, später*. In: Neophilologus, Bd. 97/2013, Heft 3.

52 Monika Bloss: *Arrangement der Geschlechter. Konzeptualisierung von Männlichkeit und Weiblichkeit in populärer Musik*. In: Gisela Völger (Hrsg.): Sie und Er. Frauenmacht und Männerherrschaft im Kulturvergleich. Zweibändige Materialiensammlung zu einer Ausstellung des Rautenstrauch-Joest-Museums für Völkerkunde in der Josef-Haubrich-Kunsthalle Köln, Köln: Rautenstrauch-Joest-Museum, 1979, Bd. 2, S. 233.

53 Ebd., S. 233 f.

„Frauen traten lediglich in der ‚reproduzierenden' Sphäre in Erscheinung, zumeist als Sängerinnen"[54] oder als „fügsame Fans und Groupies"[55]. Sie nutzten allerdings ihre Chance, „aus der sozialen Ordnung auszubrechen, sich leidenschaftlich im sexuellen Chaos ihrer eigenen Arbeit zu wälzen, die üblichen Normen zu missachten und in Räumen umherzustreifen, in denen Weiblichkeit ausgelöscht war"[56].

Zwar lassen die Männer der Clique – Falk, Heinze und Toddi – aufgrund ihrer geringen Zeichnung nur eingeschränkte Aussagen über ihr jeweiliges Rollenverständnis zu, doch ist dies an der Figur Steins durchaus ablesbar. **Stein** ist die aktivste Figur der Geschichte und eigenartig losgelöst von allen gesellschaftlichen Bezügen, die er nicht selbst herstellt. Das bewirkt, dass er sich anpassen muss, erst an die Erzählerin, dann an die Clique und ihre Gewohnheiten, ohne wirklich dazuzugehören und ihnen gleich sein zu wollen. Klaglos erniedrigt er sich zum Faktotum, nur um der Erzählerin nahe zu sein. Aber statt wie die Clique mehr oder weniger planlos in den Tag hineinzuleben, verfolgt Stein ein Ziel, das mit dem Hauskauf in Canitz greifbar nahe scheint. Steins Problem entsteht ironischerweise auch dadurch, dass er emanzipiert genug erscheint, um seinen Lebensplan der Erzählerin nicht aufzwingen zu wollen. Durch seine Anpassung verzichtet er freiwillig auf soziale Durchsetzungsmöglichkeiten. Er ist davon abhängig, dass seine Angebote akzeptiert werden. Dass dies seitens der Erzählerin aber nicht geschieht, liegt auch an seiner stolzen und scheuen Zurückhaltung, mit der er sein Ego schützend umgibt, und an seiner kommunikativen Unfähigkeit, die es ihm nicht erlaubt, sich jenseits eines unmittelbaren

---

54 Ebd., S. 234.
55 Ebd., S. 232.
56 L. Evans, zitiert nach ebd., S. 234.

und direkten Übereinstimmungsgefühls zu erklären. Stein ist also einerseits zu rücksichtsvoll, um Probleme offen und nachdrücklich auszutragen, und andererseits radikal genug, bei Ausbleiben der Erwartungserfüllung alle Brücken nahezu selbstzerstörerisch hinter sich abzubrechen. Er repräsentiert insofern eine besondere **Problemsituation der zeitgenössischen Männerrolle**.

Die weibliche Rolle ist in der Erzählung im Grunde nur durch die Erzählerin wirksam besetzt. Die drei anderen Frauenfiguren – Henriette, Anna und Christiane – treten eigentlich nur als Cliquenmitglieder und Sexualpartner der Männer in Erscheinung. Selbst ihre jeweiligen künstlerischen Tätigkeiten werden nur angedeutet. Die Erzählerin wohnt offenbar gleichberechtigt mit den Mitgliedern ihrer Clique in der Wohnung eines Mehrfamilienhauses. Innerhalb der Clique scheint sie keine Führungsrolle einzunehmen, sondern ist eher eine allerdings voll integrierte Mitläuferin, die sich ganz an das Eigenleben der Clique anpasst, ohne eigene Akzente zu setzen oder spezielle Interessen zu verfolgen. Zu Stein möchte sie ein ebenso geartetes lockeres und unverbindliches Verhältnis haben.[57] Das bedeutet für sie vor allem, sich ihm jederzeit entziehen zu können und keine Verantwortung übernehmen zu müssen. Im Grunde führt sie ein durch die Gruppe abgesichertes Individualleben. Die sich bei ihr einstellenden Gefühle für Stein, zu der selbst Eifersucht zählt, tun ihr in dem Maße gut, indem sie ihnen ausweichen kann, um ihre freie Selbstbestimmung nicht zu verlieren. Sie ist zwar emanzipiert genug, um drei Wochen mit ihm zusammenzuleben und ihn dann wieder hinauszuwerfen, aber nicht emanzipiert

---

57 Anke Biendarra hebt hervor: „Women in Hermann are not dependend emotionally. (...) The stories level gender differences to such a degree that it seems inadmissible to blame the woman's unhappiness on conflicts between the sexes or to portray woman in an victimized role.". Anke Biendarra: *Gen(d)eration Next: Prose by Julia Franck and Judith Hermann*. In: Studies in 20th and 21th Century Literature, Vol 28/2004, Iss. 1, Article 10, p. 229.

genug, um eine eigene Lebensentscheidung zu treffen. Sie begreift nicht, dass keine Entscheidung in diesem Falle auch einer Entscheidung gleichkommt.

Psychologischer Aspekt

Der **psychologische Aspekt** liest den Text als Psychogramm einer Identitätskrise. Es scheint, als lebten die Figuren der Erzählung ein wenig nach dem Vorbild des 26-jährigen Wallstreet-Yuppies Patrick Bateman, der Hauptfigur des Romans *American Psycho* (1991) von Bret Easton Ellis. Der Banker führt das albtraumhafte Leben eines amoralischen Materialismus voller Sex, Musik, Drogen und Orgien, selbst zu Morden lässt sich diese kühle und gefühllose Figur aus der Langeweile und Leere seines Identitätsverlustes heraus hinreißen. So weit gehen die Figuren der Erzählung zwar nicht, aber sie schwärmen von dieser amoralischen Hintergrundatmosphäre. Die Erzählerin, die dem Leser als einzige Figur dieser Gruppe nahegebracht wird, schwimmt in dieser Gruppe mit, ohne dass deutlich wird, welche Rolle sie genau einnimmt. Wir sehen das Abbild eines Menschen, der unfertig und auf der Suche ist. Weder Individuation noch Sozialisation scheinen abgeschlossen. Die Versuche, in einem Ich-Findungsprozess eine eigene Identität herauszubilden, scheitern.[58] Daraus resultieren **Unsicherheit, Orientierungslosigkeit, Passivität, Unentschlossenheit, Entscheidungsunfähigkeit, Verantwortungsflucht**. Die Erzählerin wartet ab („später", 156,21), treibt ziellos dahin („ich sitze so rum", 140,8), hat aus mangelndem Selbstbewusstsein und fehlendem Lebensmut Schwierigkeiten, sich in der Gegenwart zu verankern, geschweige denn, ihre Zukunft zu planen. Wenn sie handelt, geschieht das eher unbewusst und ihr selbst manchmal nicht nachvollziehbar (140,13 f.). Sie lässt sich aus Angst vor Verbindlichkeiten und Endgültigkei-

---

58 Vgl. Gösweiner, S. 257.

ten die meisten Entscheidungen vom Zufall des Lebens abnehmen. Und wenn sie Stein nach drei Wochen grundlos aus ihrer Wohnung wirft, geschieht auch das aus egoistischem Selbstschutz und Bindungsangst. Ihre Freiheit ist nur eine Freiheit *von*, eine Flucht vor jeglicher Festlegung, aber keine Freiheit *zu*, weil sie ihren freien Willen gänzlich dem anderer oder dem Zufall unterwirft. Diese Angst vor Veränderung führt zu einem krampfhaften Festhalten an dem Lebensprovisorium ihrer Clique und dazu, in aufgesetzter Coolness die eigenen Gefühle zu unterdrücken, sei es nun Liebe, Eifersucht oder die **Sehnsucht nach einer festen Bindung und menschlichen Heimat.** So verpasst sie, ohne es zu merken, die gelenkstellenhafte Chance ihres Lebens.

Aber auch das fast genaue Gegenteil ist denkbar. Dann würde ihr Verhalten aus der Angst vor einem „Zu spät" resultieren, vor der Angst, jetzt in ihren vermeintlich besten Jahren das zu verpassen, was für sie später unwiederbringlich verloren wäre. Dann erwüchse ihr Verhalten aus der Angst vor dem Alter und vor der Unvorstellbarkeit jeglicher Zukunft. Wer wollte es schon wagen, angesichts solch in der Vergangenheit unvorstellbarer Veränderungen wie dem Fall der Mauer und der Wiedervereinigung Deutschlands auch nur halbwegs sicher in die Zukunft zu planen. Da erscheint die Maxime des Horaz „Carpe diem", nutze den Tag, als eine gerade in Zeiten der Verunsicherung gültige Lebensregel. Und so lebt man denn, den Augenblick genießend, in den Tag hinein, als gäbe es kein Morgen mehr. Aber auch diese Position greift zu kurz und verweist auf eine individuelle psychische Krise. Stein ist ihr psychischer Gegenpart. Aufgrund seiner Liebe zur Erzählerin krempelt er sein Leben radikal um, spielt in der von ihm wenig geliebten Clique klaglos die Rolle des Domestiken, kauft und renoviert, um die Erzählerin nicht zu verlieren, selbst ein Haus, in dem die ganze Clique unterkommen kann. Stein hat klare Vorstellungen von der Zukunft und gestaltet sie aktiv und kompromisslos. Leider finden weder seine Liebe noch seine Aktivitäten die ihr gebührende Anerkennung, sodass er am Ende seinen Traum selbst zerstört und sich so von der Erzählerin befreit.

Philosophischer Aspekt

Der **philosophische Aspekt** baut auf dem psychologischen auf und setzt ihn verallgemeinernd fort. Er fragt nach den sich hier darbietenden Bedingungen der Möglichkeit der Individualität und ebenso nach den Bedingungen ihrer Unmöglichkeit. Die Ich-Erzählerin der Geschichte eignet sich dabei ausgezeichnet als Studienobjekt. Es scheint, als habe der aus der Aufklärung fortgeführte Optimismus hinsichtlich der Entwicklungsfähigkeit des Individuums seinen Zenit erreicht, sei an seine Grenzen gestoßen und befinde sich im Wandel hin zu einer **existenziellen Melancholie.** In dem Maße, in dem das Individuum sich nahezu uneingeschränkt freisetzt und sich als so freigesetzt empfindet, geht ihm offenbar die Sinnhaftigkeit seines Seins verloren. Indem es sich hedonistisch auslebt, entäußert es sich seines Wesens und verharzt seinen Egoismus zu einer Hohlform, die nur noch das Ziel kennt, sich selbst unverändert zu erhalten, obwohl es vergessen hat, wozu. Die Entwicklung des Individuums hat in einer Selbstfokussierung zu einer egozentrischen und zugleich im wahren Wortsinn selbstverlorenen Situation geführt, in der es völlig mit sich allein ist und im Kern seiner selbst kein verlässliches Ich mehr vorfindet. Diese Ich-Leere und das damit verbundene Fehlen an werthaften Kategorien und Prinzipien macht das Individuum unfähig, Lebenssituationen als für sich relevant zu erkennen, zielorientiert zu analysieren, abgewogene Entscheidungen zu fällen, sinnvoll zu handeln und soziale Verantwortung zu übernehmen. So spinnt es sich ratlos in den Betäubungskokon seiner Lüste ein, ohne dabei glücklich zu sein. Es leidet sogar an einem Grundsatz unerklärlicher, aber permanenter Unzufriedenheit. Dieser existenzielle Widerspruch versetzt das Individuum in einen Zustand der Melancholie, dessen es sich selbst nicht bewusst wird.

Rezeptionsästhetischer Aspekt

Der **rezeptionsästhetische Ansatz** kann mehrere unterschiedliche Perspektiven zusammenführen. Er kann den Kreis der geeigneten Rezipienten des Textes zu beschreiben versuchen. Eine gelungene Textrezeption ist ja nur dann möglich, wenn die Vorstellungs- und Darstellungswelt der Autoren mit der Erlebnis- und Erfahrungswelt der jeweiligen Rezipienten zumindest teilidentisch ist. Das begrenzt die Rezeption des Textes insoweit, als die Rezipienten z. B. die Benennung der Drogen und Musik wenigstens einordnen können sollten, sofern sie nicht ohnehin über eigene Erfahrungen verfügen. Das spricht dafür, dass dem Text Hermanns so etwas wie eine **generationsstiftende Funktion** unterstellt werden darf. Diese Funktion wird umso wirksamer, da die Autorin den Text als Erzählung einer Ich-Erzählerin darbietet, was die Identifikation mit dieser Figur erleichtert. Die Technik des Auslassens und Aussparens enthebt den Text oft einer klaren Festlegung, sodass der Rezipient die Lücken zum Verständnis selbstständig schließen muss, was einen **aktiven Leser** erfordert. Andernfalls bleibt die erzählte Erzählung eine lapidare, oberflächliche und belanglose Geschichte. Es bedarf beim Leser also eines gewissen anspruchsvollen leseanalytischen Verstandes, um die Erzählung in ihrem literarischen Wert würdigen zu können.

Rezeptionssoziologischer Ansatz

Der **rezeptionssoziologische Ansatz** beschäftigt sich mit der Aufnahme des Textes, indem er über die mögliche Wirkung des Textes auf die Leserschaft reflektiert. Unterstellt man der Autorin einen wenn auch nur unbewussten Autor-Rezipienten-Bezug und damit eine Intention, auf diese Leserschaft einzuwirken, so kann festgehalten werden, wie sich der Text zu den in ihm vermittelten Lebensmodellen verhält. Das scheint, auch wenn man das Gesamt-

INTERPRETATIONSANSÄTZE ZU *SOMMERHAUS, SPÄTER*

Soziohistorischer Aspekt Boheme-Atmosphäre der Nachwendezeit	**Textsortentheoretischer Aspekt** Zwischen Kurzgeschichte und Novelle	**Rezeptionsästhetischer Aspekt** Generationsstiftende Funktion
Gender Aspekt Liberalisierung und Problematisierung der Geschlechterrollen	**Biografischer Aspekt** Überprüfung/Erprobung von Lebensentwürfen	**Kommunikativer Aspekt** Beziehungsproblematik durch kommunikatives Fehlverhalten
Ästhetischer Aspekt Stil des Verschweigens und Verbergens	**Psychologischer Aspekt** Psychogramm einer Identitätskrise	**Philosophischer Aspekt** Existenzielle Krise des Individuums

werk der Autorin betrachtet, ein nicht unwichtiges Thema für sie zu sein. Das Verhalten der Erzählerin und Steins legen nahe anzunehmen, „dass ein monogames, sesshaftes Lebensmodell", wie es vermutlich viele Menschen der Leserschaft praktizieren, „ein glücklicheres Leben ermöglicht als eines der Ungebundenheit und Mobilität"[59]. Zugleich wird dieser tendenziell konservativeren Leserschaft das Gefühl, „dass man als älterer Mensch die Codes der jüngeren nicht mehr verstehe, dergestalt umgekehrt, dass die Jüngeren sich untereinander nicht mehr verstehen, wogegen ältere LeserInnen sie mühelos verstehen."[60] Gleichwohl stellt die Lebensweise der Clique diese Lebensform einschließlich ihrer heterosexuellen Monogamie infrage. Man darf deshalb unterstellen, dass

---

59 Rehfeldt, S. 268.
60 Ebd., S. 271.

vor allem die jüngere Leserschaft, dieses pubertär aufbegehrende Verhalten der Clique durchaus nachvollziehen kann oder möchte und deshalb diesem Lebensentwurf nicht ablehnend gegenübersteht. Immerhin kann die Autorin durch ihre Biografie, ihr Alter und ihren Wohnsitz durchaus für diese Lebensweise als authentische Repräsentationsperson gewertet werden. Doch schlägt der Text sich bei genauer Betrachtung auf keine dieser beiden Seiten. Stein scheitert mit seiner Lebensphilosophie, und auch die Künstler der Clique sind bei weitem nicht so unangepasst, wie sie sich geben und glauben machen möchten. Sie sind vielmehr durch ihre Lesungen, Auftritte und Konzerte fest im traditionellen Kultursystem dieser Gesellschaft verankert und eingebunden, sodass man durchaus davon ausgehen kann, dass ihr Verhalten mehr eine selbstbetäubende gestische Attitüde ist, denn ein wirklich konsequent verfolgter Lebensplan. So gelingt es der Autorin mit ihrer Erzählung, nicht nur kontrastierende Lebenseinstellungen aufeinanderprallen zu lassen, sondern durch das unentschiedene Wecken von Sympathie für beide Entwürfe für die Akzeptanz unterschiedlicher Lebensmodelle zu werben und eine **generationsübergreifende Toleranz** herzustellen. Das ist vielleicht nicht der letzte Grund für den Erfolg ihrer Geschichte.

4. REZEPTIONSGESCHICHTE

ZUSAMMEN-
FASSUNG

- → Der Erzählband fand unmittelbar nach Erscheinen nur geringe Resonanz.
- → Er wurde jedoch in der Folge von den Feuilletons aller großen deutschsprachigen Zeitungen anerkennend besprochen.
- → Er wurde aber vor allem vom *Literarischen Quartett* im Fernsehen äußerst hoch gelobt, auch vom „Literaturpapst" Marcel Reich-Ranicki, und entwickelte sich bald zu einem Bestseller.
- → Er hat mittlerweile eine Auflage von mehr als 500.000 verkauften Exemplaren.

Lob vom Literaturpapst

Das Literarische Quartett

Als das Buch nach seinem Erscheinen in „einer Berliner Buchhandlung vorgestellt wurde, kamen 25 Leute, ‚22 Freunde von mir und 3 Freunde von der Buchhändlerin'."[61] Auch auf der Frankfurter Buchmesse wurde dem Buch noch kaum Beachtung geschenkt.[62] Das erzählerische Erstlingswerk von Judith Hermann wurde in der Folge in fast allen gängigen Printmedien besprochen, in der *taz* sogar dreimal innerhalb von drei Monaten.[63] Diese breite Aufmerksamkeit hat der Erzählband sicherlich der am 30. 10. 1999 ausgestrahlten Fernsehsendung *Das Literarische Quartett* zu verdanken,

---

61 Claudia Voigt: *Im Schatten des Erfolgs.* In: DER SPIEGEL, Nr. 5/2003, S. 141 (online unter: http://www.spiegel.de/spiegel/print/d-26218495.html, Stand: Oktober 2017).

62 Christine Claussen: *Glück ist der Moment davor.* In: Stern 16/1999.

63 In der *taz* vom 12. 11. 1998 durch Susann Rehlein, vom 25. 1. 1999 durch bk und vom 10. 2. 1999 durch Christian Schuldt.

in der sich sowohl **Marcel Reich-Ranicki** als auch **Hermann Karaseck** in seltener Einigkeit sehr positiv über ihn geäußert hatten. Allerdings war der Band auch schon vorher von den Feuilletons aller großen deutschen Zeitungen gewürdigt worden. Marcel Reich-Ranicki nannte Hermann eine „hervorragende Autorin", und Hellmuth Karasek nahm an ihren Texten den „Sound einer neuen Generation" wahr. Kurz darauf stand der Band auf dem zweiten Platz der SWR-Bestenliste[64].

Es war der Beginn einer Erfolgsgeschichte: Die Autorin wurde als eine der erfolgreichsten Debütantinnen der deutschsprachigen Gegenwartsliteratur und Galionsfigur eines neuen deutschen literarischen Fräuleinwunders gefeiert. Im Zuge dieses Erfolgs wurde die Geschichte *Hunter-Tompson-Musik* 2003 von dem deutsch-polnischen Regiestudenten Jakob Ziemnicki als Diplomarbeit verfilmt. Heute ist Hermanns Debütband in 17 Sprachen übersetzt; er hat eine Auflagenhöhe von mehr als 500.000 verkauften Exemplaren überschritten, die Taschenbuchausgabe liegt in der 16. Auflage (2014) vor.

Diesem nahezu einhelligen Lob entspricht, wie **Katrin Bumenkamp** zu Recht zusammenfasst, eine „Homogenität der Rezensionen. Sie unterscheiden sich nur in Nuancen"[65]. Dabei werden bei der Besprechung des gesamten Erzählbandes mehr oder weniger immer die gleichen Kriterien zur Anwendung gebracht: die Darstellung, die Wirkung und der sprachliche Stil. Fast immer wird exemplarisch auf Einzelgeschichten des Sammelbandes eingegangen, aber diese wechseln je nach Rezension und betreffen die Titelerzählung meist höchstens am Rande.

---

64 Sabine Burtscher: *Glück ist immer der Moment davor.* In: Der Deutschunterricht Jg. 54/2002, Heft 5, S. 80.

65 Blumenkamp, S. 156.

Stil

Schmucklose Syntax

Bereits der erste Rezensent, **Roman Bucheli** bewunderte in der *Neuen Zürcher Zeitung* vom 6. 10. 1998 die Autorin „für die Sparsamkeit der Worte, für die kargen Sätze“[66] und die „schmucklose Syntax“, und lobte die Einfachheit der Sprache, die Genauigkeit der Figurenzeichnung und die Stimmigkeit der Erzählungen. Die Glaubwürdigkeit von Handlung und Figuren fasste er in dem positiven Urteil der Authentizität zusammen. **Karl Friedrich** hob in der Ausgabe 10/1999 der Zeitschrift *Berliner LeseZeichen* besonders die „reduzierte Sprechformel“ wie „Er sagte“ oder „Sie antwortete“ hervor. **Florian Illies** ging am 17. 10. 1998 in der *Frankfurter Allgemeinen Zeitung* lobend auf die Darstellung ein, deren sprachlicher Erscheinung er zudem ein innovatives Element zuschrieb, und hob die bis an die Unmöglichkeit grenzenden Schwierigkeiten der Figurenkommunikation hervor:

> „Obwohl sie so viele Regeln der Sprachpfleger verletzt, obwohl sie ihre Figuren immer nur etwas ‚sagen‘ lässt, als gäbe es kein anderes Verbum des Sprechens, obwohl sie zwischen den Zeiten springt wie im Fiebertraum. Obwohl – oder vielleicht auch eher: weil sie all dies tut, entfaltet ihre klare Sprache einen tiefen Sog. Vor allem auch dank ihrer lapidaren Dialoge, die oft über lange Strecken die Handlung sanft vorantreiben. Es gibt in diesen Erzählungen, in denen es so sehr um die Sehnsucht nach Liebe und Emotionen geht, im Grunde keine echte Liebesszene, kaum einmal einen Kuss – die Wörter selbst haben in Judith Hermanns Prosa alle Sinnlichkeit auf sich gezogen.“

---

66 Die bibliografischen Angaben der im Folgenden zitierten Rezensionen finden sich im Literaturverzeichnis.

Der Schriftsteller **Ingo Schulze** schließlich hob am 24. 12. 1998 in der Tageszeitung *Die Welt* die Variation der Geschichten hervor:

> „Von einer Erzählung lässt sich nicht auf die andere schließen. Mal muss der Tonfall märchenhaft-fantastisch werden, (...), mal wird er sachlich wie ein Protokoll (...). Mal erzählt ein Mann in der Ich-Form, mal eine Frau. Der Schauplatz kann auch ein Hotel in New York sein, meistens aber ist es Berlin (irgendwo hinter der Volksbühne?) samt Umland."

Handlung

Pure Unscheinbarkeit

In der *taz* vom 25. 1. 1999 stand für den Kritiker **bk** im Zentrum der meisten Geschichten „die pure Unscheinbarkeit". Er räumte aber ein, dass „die Fülle aus Scham, Nichtausgesprochenen, Belästigung, Peinlichkeit" auch „spannend und dicht" sein kann. In der *Frankfurter Allgemeinen Zeitung* vom 17. 3. 2002 stellte **ador** für die Titelgeschichte fest: „Kein großes Drama, kein Spannungsbogen – es ist das Nicht-Gesagte, das dieser Geschichte ihre dichte Atmosphäre gibt."

Figuren

Emotionslosigkeit

Peter Henning lenkte in der Ausgabe 46/1998 des Magazins *Focus* den Blick auf die Figuren der Erzählungen, die sich seiner Ansicht nach in „einem seltsamen Zustand der Emotionslosigkeit" befinden und „an ihren als zu groß und nicht lebbar empfundenen Sehnsüchten und Wünschen" laborieren. Für einen Kritiker des Magazins *Neon* unter dem kryptischen Pseudonym **oz4life** „flüchten [sie, die Figuren; R. G.] sich in eine Wunschwelt, welche aus Erinnerungen und haltlosen Zukunftsgedanken besteht, wodurch sie den Bezug zur Gegenwart verlieren." **Ador** fand in der *Frankfurter Allgemeinen Zeitung* vom 17. 3. 2002 die Charaktere „sonderbar schlafwandlerisch (...) passiv, fast träge. (...) Sie beobachten sich selbst, stellen Reaktionen, Gefühle fest, scheinen sich diese aber nicht erklären zu können". Auch **Florian Illies** bescheinigte am 17. 10. 1998 in der *Frankfurter Allgemeinen Zeitung* den Figuren „eine seltsame, erschöpfte Traurigkeit". **Jan Brandt** beschrieb in der Ausgabe der Zeitschrift *Jungle World* vom Februar 1999 die Figuren so:

> „Alle sind auf dem Sprung, halten sich die Möglichkeit offen, jederzeit gehen zu können, wollen sich nicht einrichten und haben es längst getan. Ihre Freiheit ist nur eine scheinbare, und sie selbst glauben auch nicht mehr so recht daran. Sie wollen sich auf nichts festlegen, tauchen auf und verschwinden wieder, ohne Spuren zu hinterlassen."

Sich-so-ein-Leben-vorstellen

Für **Christian Schuldt** von der *taz* vom 10. 2. 1999 „spielen alle Figuren das konjunktivistische Spiel Sich-so-ein-Leben-vorstellen – sei es, dass sie mit ihren Erinnerungen verschmelzen oder illusorische Zukunftspläne schmieden". Er machte, ausgehend vom Motto des Sammelbandes von Tom Waits („The doctor says, I'll be alright, but I'm feelin' blue"), als Grundthema aller Erzählungen „eine melancholische Ambivalenz" aus, da es stets „um das falsche Leben im richtigen, um verspätete Einsichten und verpasste Gelegenheiten" gehe. **Nico Dorn** fasste 2003 in der Zeitschrift *Texttexturen* zusammen: „Hermanns Figuren (...) enden so, wie es sich gehört: in der Verlassenheit". **Helmut Böttiger** betonte in der *Frankfurter Rundschau* vom 25. 11. 1998 die Uneindeutigkeit der Erzählungen und wies wie **Herbert Huber** in der Zeitschrift *Lesekost* und **Anke Westphal** von der *Berliner Zeitung* vom 6. 10. 1998 auf die popkulturellen Einsprengsel hin, die den Texten ihre Zeitgenossenschaft verleihen. Damit trat Böttiger in Gegensatz zu Florian Illies, der die popkulturellen Bezüge der Erzählungen bestritt. Auch **Jan Brandt** vertrat in *Jungle World* vom Februar 1999 die Auffassung, dass *Sommerhaus, später* „nichts mit den Pop-Romanen gemein [hat], deren ‚Durchbruch' (BZ) in Deutschland derzeit gefeiert wird."

Literarische Tradition

Nähe zu Tschechow

Sibylle Cramer von der *Süddeutschen Zeitung* (7. 10. 1998) und **Martin Lüdke** von der Wochenzeitschrift *Die Zeit* (8. 10. 1998) waren sich darin einig, dass die Erzählungen Hermanns wenig innovativ sind, da sie durchaus in der literarischen Tradition eingeordnet werden könnten. Allerdings sind ihre literarischen Bezugnahmen unterschiedlich. Während Lüdke in den Erzählungen ein „Psycho- und Soziogramm" der Generation der 20- bis 30-Jährigen erkannte, dessen Wirklichkeitsnähe ihn ebenso wie **Peter Henning** (Focus, Nr. 46/1998) an Anton Tschechow erinnert, sah Sibylle Cramer die Texte als Variationen vorgegebener Muster, deren Wirklichkeitsnähe sie an die Autoren der Neuen Sachlichkeit in der 20er Jahren des letzten Jahrhunderts erinnerte. Sie sah Judith Hermann in der das „Laboratorium Großstadt" behandelnden Tradition von „Brecht, Döblin und Horváth" und die Figuren ihrer Erzählungen für in die Gegenwart transponierte Gestalten wie das kunstseidene Mädchen einer Irmgard Keun oder die mehlreisende Frieda Geier einer Marieluise Fleißer, beides Romane aus der Endphase der Weimarer Republik. Selbst der soziokulturelle Hintergrund sei entsprechend aktualisiert, so Cramer, wie man an den musikalischen Bezugnahmen ablesen könne. Für **bk** von der *taz* vom 25. 1.1999 verband Hermann schließlich „akribischen Naturalismus" mit „surreal-kafkaesker Freizügigkeit". **Herbert Huber** (Lesekost, 2010) hingegen fühlte sich an Joseph Roth erinnert und setzte Judith Hermanns Erstling zudem in Beziehung zu zeitgenössischen Vergleichstexten von Svenja Leiber und Christian Kracht.

Vergleiche mit Keun und Fleißer

Kritik

Spärlich und zaghaft

Kritik wurde an den Erzählungen Hermanns von den Rezensenten nur spärlich und zaghaft geäußert. **Florian Illies** (FAZ, 17. 10. 1998) war mit den Erzählungen *Sonja* und *Hunter-Thompson-Musik* unzufrieden, **Susan Rehlein** kritisiert in der *taz* vom 12. 11. 1998 Hermanns Sprachgebrauch und meinte, „dass Metaphern nicht stimmig oder zu grell geraten". **Christine Claussen** fand im *Stern Magazin* (Nr. 16/1999), die Geschichten machten traurig, weil die Figuren so „unentschlossen und kommunikationsgestört" seien. Dieses Urteil teilte auch **Florian Illies**, für den alle Figuren der Erzählung „solch eine seltsame, erschöpfte Traurigkeit" verbanden. Rückblickend äußerte sich auch **Iris Radisch** von der Wochenzeitung *Die Zeit* verhalten kritisch in einem Artikel aus Anlass der zahlreichen Verrisse, die Judith Hermann 2014 für ihren ersten Roman erntete, wenn sie im Rückblick den Erzählungen die Atmosphäre einer „wohligen Schwermut" „im seelischen Flachland" zuschrieb. Deutlicher wurde **Sibylle Cramer**, als sie Hermann vorwarf, ihre Figuren zu stark reduziert und ihnen genommen zu haben, was sie zu ästhetischen Subjekten hätte machen können:

Wohlige Schwermut

> „ihre Reflexions- und Einbildungskraft, ihr Idiom, die Intensität ihrer Wahrnehmung und deren Gegenstand: den Zeichendschungel Großstadt, die Komplexität großstädtischen Lebens, den geschichtlichen Augenblick. Die wieder auferstehende Metropole spielt der Autorin den Aufbruch in eine Geschichte vor, die schon jetzt das künftige Ballungs- und Industriegebiet der Intelligenz erkennen lässt, die dramatischen Gegensätze, Konflikträume, das Macht- und Informationszentrum. Daneben können sich die von altdeutschen zivilisations- und intelligenzkritischen Ressentiments gesteuerten Simpliciaden Judith Hermanns nicht behaupten."

Man muss allerdings berücksichtigen, dass Cramers Kritik nur aus der von ihr projizierten literarischen Tradition der Großstadtthematik Sinn macht und seine Berechtigung erfährt.

5. MATERIALIEN

5.1 Judith Hermann über ihr Schreiben

„Ich kann nicht recherchieren"

Judith Hermann hat sich an verschiedenen Stellen dazu geäußert, welche Rolle das Schreiben für sie spielt und was für ein Typ Schriftstellerin sie ist:

„Ich kann nicht recherchieren und aus Recherche einen Text machen. Ich denke, ich kann diese eigenartige Entwicklung beschreiben, die ich mache, die wir machen, ich kann von Menschen erzählen, die ich kenne, mit denen ich mein Leben verbringe."[67]

Zu der Art, wie sie ihre Themen und Stoffe findet, sagt sie, sie interessiere sich für

„ganz kleine Augenblicke, in denen sich diese Komplexität des Alltags in einem kurzen, präzisen und poetischen Bild sammelt. Aufleuchtet und wieder erlischt."[68]

Ausgangspunkt eines jeden Textes sei dabei stets ein Stück Autobiografie, das sie aber generell für sich behalten will:

Das Eigene verstecken

„Natürlich gibt es für jede Geschichte immer ein autobiografisches Moment – und es ist genau das Moment, das man für sich behalten muss. Schreiben bedeutet immer, das Eigene im Text zu verstecken und letztlich vielleicht auszulöschen."[69]

---

67 Zitiert nach: Encke.
68 Ebd.
69 Zitiert nach: Minkmar.

Die Art und Weise, wie sie ihre Erzählungen niederschreibt, beschreibt sie wie folgt:

„Das ist genau das, was ich beim Schreiben versuche: bewusst so wenig wie möglich zu denken. Klingt komisch, aber ich kann es nicht anders sagen – ich will mich schreibend nicht überprüfen, ich will nicht taktisch sein."[70]

Zwischen Kontrolle und Kontrollverlust

„Ich mag es, beim Schreiben die Kontrolle zu behalten, und eine Erzählung kann man viel besser kontrollieren [als einen Roman; R. G.]. Man geht in den Erzählraum hinein und sieht, wenn man sich umdreht, wie man hinein gekommen ist, und man sieht auch, wie man wieder rauskommen wird."[71]

„Ich habe es [beim Schreiben ihres späteren Romans; R. G.] so gemacht, wie bei den Erzählungen: mir den Text immer wieder laut vorgelesen, bis der Klang stimmte, meine Vorstellung von Rhythmus."[72]

Den Text laut lesen

„In einer Erzählung ist der Initiationsmoment für mich fast immer ein Satz, ein Satz, den jemand zu jemand anderem sagt und der mir wichtig erscheint, doppelbödig, abgründig, ein Satz, den ich in der Geschichte aufheben, zeigen und zugleich verstecken will. Die Erzählung läuft auf diesen Satz zu. Sie fängt ihn ein, verbirgt ihn und geht dann weiter und zu Ende."[73]

---

70 Zitiert nach: Encke.
71 Zitiert nach: Minkmar.
72 Ebd.
73 Zitiert nach: Bovenschen.

Wenn sich der Text wie von alleine schreibt

„Wenn man im Schreiben über diese Grenze [von Fragmenten und unbewussten Entäußerungen; R. G.] gelangt ist, an der der Text sich verselbstständigt und sich, im allerbesten Falle, für eine kurze Weile wie von alleine schreibt, fügen sich auch die Motive von alleine ein, und wenn das dann gut geht, passen sie zueinander und finden ein fragiles und doch deutliches Gleichgewicht."[74]

Zu der Niederschrift der Erzählungen zu *Sommerhaus, später* erinnert sie sich:

Geheime Zentren

„(…) ich weiß, dass damals schon jede Geschichte ein Zentrum hatte und dass dieses Zentrum aus einem ganz schlichten Satz oder aus einem einzigen Bild bestand. Nachträglich sind diese Sätze und Bilder als solche nicht mehr unbedingt so wahrnehmbar, sie fallen nicht unbedingt auf. Man sollte über sie auch eigentlich gar nicht sprechen. Man entzaubert sie sonst."[75]

Zu ihrem nüchternen und lakonischen Schreibstil bemerkt sie:

„Schreiben bedeutet für mich, gegen meine eigene Sentimentalität und gegen meine Hingabe anzuschreiben."[76]

Lust auf Leerstellen

„Ich wusste eigentlich nicht viel, als ich angefangen habe zu schreiben, aber mir war klar, dass ich mit Leerstellen arbeiten will. Das lag vielleicht auch an bestimmten Erzählungen, die ich vorher gelesen hatte. Ich wusste, dass ich nicht psychologisieren wollte, dass ich nicht spektakulär erzählen wollte und dass ich keine Sensationen

74 Ebd.
75 Zitiert nach: Encke.
76 Zitiert nach: Prangel.

erzählen wollte. Ich wollte Geschichten, die irgendwo anfangen, ein Stück gehen und dann wieder aufhören. Ich durfte keinen großen Bogen machen."[77]

5.2. Prokrastination

„In Websters Wörterbuch findet man unter ‚procrastination': ‚The act or habit of procrastinating, or putting off to a future time' (Die Handlung oder die Gewohnheit des Aufschiebens, oder auf einen zukünftigen Zeitpunkt Vertagens.) Die Handlung oder Gewohnheit bedeutet, dass es sich um einen bewussten aktiven Akt des Verschiebens handelt. Damit sind die Fälle ausgeschlossen, wenn jemand durch äußere Umstände oder höhere Gewalt an der Ausübung einer geplanten Tätigkeit gehindert wird. (...) Bei diesen Tätigkeiten oder Aufgaben kann es sich sowohl um Dinge handeln, die von außen von ihnen verlangt werden als auch solche, die ihnen selbst wichtig sind. Statt die anstehenden Aufgaben zu erledigen, widmet sich der Prokrastinator Ersatzhandlungen, die häufig weniger wichtig und manchmal auch unsinnig sind. (...) Die Prokrastination wird meist umgangssprachlich auch als Aufschieberitis oder Aufschieberei bezeichnet. Formaler und passender als Synonyme sind Aufschiebeverhalten, Hinausschieben, Verschieben und Verzögern. (...) Die deutsche Sprache ist gespickt mit Redewendungen, die dieses Verhalten beschreiben: ‚Etwas auf die lange Bank schieben', ‚vor sich herschieben', ‚auf Eis legen'. (...) Eine besonders schöne Formulierung für die im Sprichwort bezeichneten Leute lieferte Peter Ustinov: ‚Die Menschen, die etwas von heute auf morgen verschieben, sind dieselben, die es bereits von gestern auf

Bewusster Akt des Verschiebens

‚Ewas auf die lange Bank schieben'

77 Hermann, *Ich werde versuchen, eine Schriftstellerin zu sein*, S. 234.

heute verschoben haben.‘ (…) Ursprünglich stammt das Wort aus dem Lateinischen. Das Verb procrastinare bedeutet etwas vertagen, verschieben (pro- vorwärts, cras- morgen).[78]

78 https://www.prokrastination.net/umfrage/grundlagen.php (Stand: Oktober 2017).

LITERATUR

Zitierte Ausgabe:

Hermann, Judith: *Sommerhaus, später.* Erzählungen. Frankfurt/Main: Fischer Taschenbuch, (1998) 16. Aufl. 2014, S. 139–156.

Weitere Primärliteratur:

Hermann, Judith: *Nichts als Gespenster.* Erzählungen. Frankfurt/Main: S. Fischer Verlag, 2003.

Hermann, Judith: *Ich werde versuchen, eine Schriftstellerin zu sein.* In: Daniel Lenz; Eric Pütz (Hrsg.): LebensBeschreibungen. Zwanzig Gespräche mit Schriftstellern. München: edition text + kritik, 2000, S. 228–238.

Sekundärliteratur:

Literarisches Fräuleinwunder

Blumenkamp, Katrin: *Das „Literarische Fräuleinwunder". Die Funktionsweise eines Etiketts im literarischen Feld der Jahrtausendwende.* Berlin: LIT Verlag, 2011 (Reihe Literatur – Kultur – Medien, Bd. 12).

Kocher, Ursula: *Die Leere und die Angst – Erzählen ‚Fräuleinwunder' anders? Narrative Techniken bei Judith Hermann, Zoë Jenny und Jenny Erpenbeck.* In: Christiane Caemmerer; Walter Delabar; Helga Meise (Hrsg.): Fräuleinwunder literarisch. Literatur von Frauen zu Beginn des 21. Jahrhunderts. Frankfurt /M: Europäischer Verlag der Wissenschaften, 2005 (Reihe Inter-Lit, Bd. 6), S. 53–72.

Stuhr, Uta: *Kult der Sinnlosigkeit oder die Paradoxien der modernen Sinnsuche. Judith Hermanns Erzählungen ‚Nichts als Gespenster'.* In: Christiane Caemmerer; Walter Delabar; Helga Meise (Hrsg.): Fräuleinwunder literarisch. Literatur von Frauen zu Beginn des 21. Jahrhunderts. Frankfurt /M: Europäischer Verlag der Wissenschaften, 2005 (Reihe Inter-Lit, Bd. 6), S. 37–52.

Ujma, Christina: *Vom „Fräuleinwunder" zur neuen Schriftstellerinnengeneration. Entwicklungen und Tendenzen bei Alexa Hennig von Lange, Judith Hermann, Sibylle Berg und Tanja Dückers.* In: Ilse Nagelschmidt; Lea Müller-Dannhausen; Sandy Feldbacher (Hrsg.): Zwischen Inszenierung und Botschaft. Zur Literatur deutschsprachiger Autorinnen ab Ende des 20. Jahrhunderts. Berlin: Frank & Timme, 2006, S. 73–88.

Zu Judith Hermanns Werk allgemein:

Dammers, Janina; Ostrop, Julia; Vortmann, Elisa: *Judith Hermann.* In: Autor*innenlexikon, Universität Duisburg-Essen. https://www.uni-due.de/autorenlexikon/hermann.

Gösweiner, Friederike: *Einsamkeit in der jungen deutschsprachigen Literatur der Gegenwart.* Innsbruck/Wien: Studienverlag, 2010 (Angewandte Literaturwissenschaft Bd. 9).

Kopecká, Adriana: *Zu einigen Frauengestalten in den Erzählbänden Judith Hermanns* (Bachelorarbeit). Brünn 2012 (https://is.muni.cz/th/382546/ff_b/Bakalarska_diplomova_prace.pdf).

Langemeyer, Peter: *Judith Hermann.* In: Hermann Korte (Hrsg.): KLG (Kritisches Lexikon zur deutschsprachigen Gegenwartsliteratur), München: edition text + kritik, Stand: 1. 6. 2010.

Rehfeldt, Martin: *Worte des guten Lebens. Zum Verhältnis von Literaturkritik, Lektüre und gutem Leben am Beispiel der Rezeption von Judith Hermann, ‚Sommerhaus, später'.* In: Hans-Peter Ecker (Hrsg.): Orte des guten Lebens. Entwürfe humaner Lebensräume. Jürgen Landwehr zum 65. Geburtstag. Würzburg: Königshausen & Neumann, 2002, S. 243–278.

Schauberger, Sara: *Der Rückzug ins Private in den Kurzgeschichten Judith Hermanns* (Diplomarbeit). Wien 2013 (http://othes.univie.ac.at/25700/1/2013-01-27_0307516.pdf).

Interviews (alle Links Stand: Oktober 2017)

Bovenschen, Silvia: *Judith Hermann im Gespräch mit Silvia Bovenschen.* In: Hundertvierzehn. Das literarische Online-Magazin des S. Fischer-Verlages. O. J. (https://www.hundertvierzehn.de/artikel/judith-hermann-im-gespr%c3%a4ch-mit-silvia-bovenschen_494.html).

Encke, Julia: *Ich bin von jeder Ankunft weit entfernt. Judith Hermann im Gespräch.* In: Frankfurter Allgemeine Zeitung, 23. 5. 2016 (http://www.faz.net/aktuell/feuilleton/buecher/autoren/interview-judith-hermann-ueber-ihr-buch-lettipark-14244080.html).

Minkmar, Nils: *Mein Sohn findet meine Ängste völlig übertrieben. Judith Hermann im Gespräch.* In: Frankfurter Allgemeine Zeitung, 2. 8. 2014 (http://www.faz.net/aktuell/feuilleton/judith-hermann-im-gespraech-mein-sohn-findet-meine-aengste-voellig-uebertrieben-13076898.html).

Prangel, Matthias: *Eine andere Art von Rückblick.* In: literaturkritik.de, Nr. 2/2003 (http://literaturkritik.de/id/5689).

West, K.: *Autorin Judith Hermann über Bücher und Frauen.* In: Der Westen vom 7. 6. 2009 (https://www.derwesten.de/kultur/autorin-judith-hermann-ueber-buecher-und-frauen-id30565.html).

Rezensionen zu *Sommerhaus, später*:

Ador: *Judith Hermann, „Sommerhaus, später".* In: Frankfurter Allgemeine Zeitung, 17. 3. 2002 (http://www.faz.net/aktuell/feuilleton/buecher/rezensionen/belletristik/rezension-belletristik-judith-hermann-sommerhaus-spaeter-152080.html).

Berr, Christina, *Kultur: Kuba ist nur ein Traum.* In: Der Tagesspiegel, 3. 11. 1998 (http://www.tagesspiegel.de/kultur/kuba-ist-nur-ein-traum/64698.html).

bk: *Gekokst, gesoffen, gekifft für den heiligen Zwischenzustand.* In: die tageszeitung (taz), 25. 1. 1999 (http://www.taz.de/!1305382/).

Böttiger, Helmut: *Alle haben den Blues und wissen nicht warum. Judith Hermanns Erzählungen ‚Sommerhaus, später'.* In: Frankfurter Rundschau, 25. 11. 1998.

Brandt, Jan: *Prosa in Zimmerlautstärke. Judith Hermanns Erzählband „Sommerhaus, später" hat mit Pop so viel zu tun wie Modern Talking mit Diskurs-Rock.* In: Jungle World, Nr. 9, 24. Februar 1999 (https://jungle.world/artikel/1999/08/prosa-zimmerlautstaerke).

Bucheli, Roman: *Die Melancholie des leeren Raums.* In: Neue Zürcher Zeitung, 6. 10. 1998 (http://www.tyskforlaget.dk/Sommerhaus/SommerhausMelancholieRez.html).

Claussen, Christine: *Glück ist der Moment davor.* In: Stern, Nr. 16/1999.

Cramer Sibylle: *Aus dem Nachtgebiet der Berliner Intelligenz. Erzählungen von Judith Hermann: „Sommerhaus, später".* In: Süddeutsche Zeitung, 7. 10. 1998, S. V2/7.

Dorn, Nico: *Judith Hermann, „Sommerhaus, später".* In: Texttexturen, 2003 (http://www.texttexturen.de/hermann-sommerhaus-spaeter/).

Friedrich, Karl: *Wie unter Wasser.* In: Berliner LeseZeichen, Ausgabe 10/99, Edition Luisenstadt, 1999 (http://www.luise-berlin.de/lesezei/blz99_10/text04.htm).

Henning, Peter: *Leben hinter Glas. Reflex auf das Vakuum – das Debüt der Berliner Autorin Judith Hermann.* In: Focus, Nr. 46/1998 (http://www.focus.de/auto/neuheiten/literatur-leben-hinter-glas_aid_173256.html).

Huber, Herbert: *Judith Hermann: „Sommerhaus, später".* In: Lesekost, 2010 (http://www.lesekost.de/deutsch/Erz/HHLDERZ01.htm).

Illies, Florian: *Die Traumwandlerin. Judith Hermanns erster Erzählband.* In: Frankfurter Allgemeine Zeitung, 17. 10. 1998 (http://www.faz.net/aktuell/feuilleton/buecher/rezensionen/belletristik/rezension-belletristik-die-traumwandlerin-193890.html).

Lüdke, Martin: *Das Leben ist nicht theatralisch.* In: Die Zeit, Nr. 42/1998, 8. 10. 1998, S. 14.

Oz4life: *Judith Hermann: Sommerhaus, später.* In: Neon, 4. 11. 2009 (http://www.neon.de/artikel/freie-zeit/literatur/rezension-judith-hermann-sommerhaus-spaeter/670295).

Radisch, Iris: *Kann sie wirklich nicht schreiben? Die Kritiker bringen Judith Hermann zur Strecke.* In: Die Zeit, 18. 9. 2014 (http://www.zeit.de/2014/37/judith-hermann-kritik-kritiker).

Rehlein, Susann: *Ein Gefühl der Irritation.* In: die tageszeitung (taz), 12. 11. 1998 (https://www.taz.de/Archiv-Suche/!1316336&s=Ein+Gef%C3%BChl+der+Irritation*Susann+Rehlein&SuchRahmen=Print/).

Schuldt, Christian: *Ein Leben vorstellen.* In: die tageszeitung (taz), 10. 2. 1999 (http://www.taz.de/!1302832/).

Schulze, Ingo: *Wo schöne Menschen lange warten. Spät, später, zu spät: Judith Hermann erzählt aus dem neuen Berlin.* In:

DIE WELT, 24. 12. 1998 (https://www.welt.de/print-welt/article629913/Wo-schoene-Menschen-lange-warten.html).

Westphal, Anke: *Geheime Geschichten von der gelegentlichen Verknotung zweier Menschen in den Erzählungen von Judith Hermann: Jugend, augen*blicklich. In: Berliner Zeitung, 6. 10. 1998 (http://www.berliner-zeitung.de/geheime-geschichten-von-der-gelegentlichen-verknotung-zweier-menschen-in-den-erzaehlungen-von-judith-hermann-jugend–augenblicklich-16336816).

Alle Links in dieser Erläuterung: Stand Oktober 2017.

STICHWORTVERZEICHNIS